Antipasti, Tapas & Co.

Die besten Rezepte

Compact Verlag

Abkürzungen im Rezeptteil

EL	Esslöffel	TL	Teelöffel
kg	Kilogramm	kcal	Kilokalorien
g	Gramm	kJ	Kilojoule
mg	Milligramm	EW	Eiweiß
l	Liter	F	Fett
ml	Milliliter	KH	Kohlenhydrate
cl	Zentiliter	Bd.	Bund
TK	Tiefkühl ...	Msp.	Messerspitze

Die Rezepte sind, soweit nicht anders angegeben, für 4 Personen.
Die Nährwert- und Energieangaben sind jeweils für 1 Stück bzw. 1 Person berechnet.

Einleitungstext: Dipl. oec. troph. Inga Pfannebecker
Chefredaktion: Dr. Angela Sendlinger
Redaktion: Natalie Lambertz
Produktion: Wolfram Friedrich
Umschlaggestaltung: Axel Ganguin

ISBN-13: 978-3-8174-5978-0
ISBN-10: 3-8174-5978-5
5359781

Mehr Infos im Internet unter www.compactverlag.de

Inhalt

Einleitung

Rezepte

Feine Kleinigkeiten mit internationalem Flair

Egal ob als französisches Hors d'œuvre oder Amuse-gueule, spanische Tapa, italienisches Antipasto, türkisches oder orientalisches Mezze: Überall auf der Welt werden kleine, feine Vorspeisen serviert, die als Appetizer den Gaumen kitzeln und auf den Hauptgang einstimmen sollen. In den Mittelmeerländern und im Orient sind sie jedoch weit mehr als Kleinigkeiten, die die Zeit bis zum Hauptgericht verkürzen. Dort hat sich eine wahre Vorspeisenkultur mit unzähligen raffinierten Gerichten entwickelt. Ganz entscheidend dabei: das langsame, gemütliche Genießen ohne Hast und Eile. Denn der Genuss gehört im Mittelmeerraum und im Orient einfach zur Lebensart dazu. Die kleinen Häppchen regen dabei nicht nur den Appetit an, sondern auch die Verdauung und stimmen den Körper so auf das Essen ein. Mittlerweile sind Antipasti, Tapas & Co. auch bei uns ein Renner als leckere Starter vor dem Essen, als köstliches Fingerfood zum Wein oder als Snacks für zwischendurch. Warum also nicht mal ein paar gute Freunde zum gemütlichen Tapasabend einladen oder für die nächste Party eine bunte Mezzetafel zaubern? Mit den Rezepten in diesem Buch verzichten Sie liebend gerne aufs Hauptgericht!

Antipasti aus Italien

Mit köstlichen Antipasti (ital. pasto: Mahlzeit, antipasto: vor der Mahlzeit) fängt bei unseren italienischen Nachbarn der Genuss schon vor dem eigentlichen Essen an. Die raffinierten Kleinigkeiten regen den Appetit an und stimmen auf das Hauptgericht ein. Vielfalt ist dabei das Zauberwort, denn meist wird mehr als ein Antipasto angeboten. In Restaurants werden die Antipasti in einer ausladenden Vitrine ausgestellt, aus der der Gast sich seinen Antipastiteller selbst zusammenstellen kann.

Viele klassische Antipasti wie z. B. Parmaschinken mit Melone, Bruschette (geröstete Brotscheiben mit einem Hauch Knoblauch, Olivenöl und Tomatenwürfeln), Insalata caprese (aufgeschnittene Tomaten, Mozzarella und Basilikum) oder Vitello tonnato (dünne Kalbfleischscheiben mit einer Tunfisch-Kapern-Sauce) sind mittlerweile auch in Deutschland wahre Stars. Oft spielt Gemüse die Hauptrolle und meist sind auch Spezialitäten aus dem Meer wie Oktopussalat oder Muscheln dabei. Neuester Trend in den Großstädten Italiens: Man trifft sich nach Feierabend zum »Aperitivo« in einer Bar und knabbert sich bei einem Glas Prosecco oder Wein genüsslich durch die Antipastivielfalt.

Die Top 10 der Zutaten

Olivenöl
Kaum ein Antipasto kommt ohne das »flüssige Gold« aus. Je nach Olivensorte und Verarbeitung schmeckt das Öl mehr oder weniger intensiv. Pluspunkt: Olivenöl enthält einfach gesättigte Fettsäuren, die das Cholesterin senken.

TIPP

Achten Sie beim Einkauf auf die Bezeichnung »natives Olivenöl extra« (ital. extra vergine) auf dem Etikett, es ist kaltgepresst und besonders fein im Geschmack.

Parmesan
Der feinkörnige Hartkäse aus der Region Parma ist mittlerweile auch in Deutschland in aller Munde. Fein gerieben würzt er nicht nur Nudeln, sondern verfeinert auch viele Antipasti. In Scheibchen geschnitten oder in kleine Stücke gebrochen wird er auch solo als Antipasto serviert.
In Pergamentpapier gewickelt bleibt Parmesan im Kühlschrank mehrere Wochen frisch.

Kapern
Die Blütenknospen des Kapernstrauches verlieren erst in Essig- oder Salzlake eingelegt ihren bitteren Geschmack. Dann aber verfeinern sie mit ihrem leicht säuerlichen Geschmack viele Antipasti, allen voran das berühmte »Vitello tonnato«.
Kleine Kapern schmecken besonders aromatisch.

Zitronen
Ihre fruchtige Säure rundet viele Antipasti geschmacklich ab und sorgt für eine frische Note. Besonders für Fisch- und Gemüseantipasti sind sie unentbehrlich. Auch die abgeriebene Schale wird zum Würzen verwendet.

TIPP

Verwenden Sie unbehandelte, gut gewaschene Zitronen, wenn Sie die Schale abreiben wollen.

Basilikum
Das höchst aromatische Kraut ist in Italien nicht nur für den »Insalata caprese« unverzichtbar. Es wirkt beruhigend auf Magen und Darm, ist appetitanregend und soll sogar aphrodisierende Wirkung haben.
Unbedingt erst kurz vor dem Servieren zu den Gerichten geben, sonst verliert es sein Aroma.

Pinienkerne
Die hellen, weichen Samen der am Mittelmeer heimischen Schirmpinie erinnern im Geschmack an süße Mandeln. Sie verfeinern nicht nur die typischen italienischen Pestosaucen, sondern sind geröstet auch bei vielen Antipasti das Tüpfelchen auf dem i.

TIPP

Wenn Sie keine Pinienkerne bekommen, können Sie ersatzweise Mandelstifte verwenden.

Parmaschinken
Der berühmte Schinken aus dem Dorf Langhirano am Fluss Parma wird weder gekocht noch geräuchert, sondern allein durch Einsalzen haltbar gemacht und trocknet fast ein Jahr an der Luft. Das verleiht ihm sein unvergleichliches Aroma, das besonders gut zu saftigen Früchten wie Melonen passt.
Je dünner die Scheiben, desto besser das Aroma des Schinkens.

Tomaten
Ohne die roten Paradiesäpfel ist die italienische Küche undenkbar und natürlich können auch Antipasti nicht ohne sie auskommen. Egal ob roh oder geschmort, sie sorgen für Aroma und Farbe auf dem Teller.

TIPP

Probieren Sie in Öl eingelegte getrocknete Tomaten als Antipasti – umwerfend!

Aceto balsamico
Der dunkelbraune, dickflüssige Balsamessig würzt mit seiner milden Säure und seinem feinen Aroma viele Antipasti. Das Original kommt aus der Gegend um Modena und reift jahrelang im Holzfass. Verwenden Sie für helle Gerichte weißen Balsamessig, der weniger kräftig im Geschmack ist.

Mozzarella
Die schneeweißen Käsekugeln ohne Rinde schmecken mild-säuerlich und sind nicht nur in der Kombination mit Tomaten und Basilikum im »Insalata caprese« einfach köstlich. Der Frischkäse wird in Salzlake oder Molke schwimmend verkauft und ist mit nur 16 % Fett recht mager. Besonders fein und aromatischer als Mozzarella aus Kuhmilch ist »Mozzarella di buffalo«, Mozzarella aus Büffelmilch, die ursprüngliche Form dieses Käses.

TIPP
Offenen Mozzarella komplett mit Salzlake oder Molke bedeckt in einer gut schließenden Plastikbox lagern. So bleibt er im Kühlschrank mehrere Tage frisch und nimmt keine anderen Aromen an.

Tapas aus Spanien

Der frühe Abend ist die Stunde der Tapas in Spanien. Man bekommt sie in jeder Bar, denn die kleinen Köstlichkeiten gehören zu den liebsten Feierabendvergnügen der Spanier. Man trifft sich nach der Arbeit in seiner Lieblingsbar, um bei einem Gläschen Wein oder Sherry und einem kleinen Schwätzchen den Tag gemütlich ausklingen zu lassen. Und damit einem der Aperitif nicht gleich zu Kopf steigt, isst man eine Kleinigkeit dazu – ein Tapa. Ursprünglich waren Tapas (dt. Deckel) essbare Bierdeckel: Um den köstlichen Sherry vor hineinfallenden Fliegen zu schützen, bedeckte man das Glas mit einer Scheibe Weißbrot. Im Laufe der Zeit hat sich aus dieser Sitte eine wahre Kultur kulinarischer Köstlichkeiten entwickelt. Im einfachsten Fall bekommt man als Tapa ein Schälchen Oliven, ein paar Salzmandeln oder einige Scheiben Serranoschinken. Meist ist die Tapatheke jedoch weitaus reichhaltiger mit kalten und warmen Häppchen bestückt und der Gast hat die Qual der Wahl. Traditionelle spanische Tapas sind z. B. Hackbällchen in pikanter Sauce, Knoblauchgarnelen, Tortilla (eine Art Omelett), »Ensalada rusa« oder Hühnchen in Sherry. Wer sich gar nicht entscheiden kann, wählt »Tapas variadas« – von allem etwas.

Die Top 10 der Zutaten

Manchego
Der berühmteste Käse Spaniens gehört auf jedes Tapabuffet. Er kommt aus der spanischen Region La Mancha und ist ein Hartkäse aus Schafsmilch. Je nachdem wie lange er gereift ist, schmeckt er feinnussig oder kräftig-würzig. Mittlerweile ist er auch in Deutschland an vielen Käsetheken erhältlich.
Typisches Erkennungsmerkmal des Manchego: die schwarze, eingekerbte Rinde.

Chorizo
Sie ist die spanische Wurst schlechthin. Die mit reichlich Paprikapulver und Knoblauch gewürzte geräucherte Wurst wird aus Schweinefleisch hergestellt. In feine Scheiben geschnitten pur ein beliebtes Tapa oder verschärfende Zutat für andere Tapas.

Serranoschinken
Nur Schinken einer bestimmten Schweinerasse aus Andalusien, der mit Meersalz gepökelt wird und anschließend mindestens 12 Monate an der Luft trocknet, darf sich mit diesem Namen schmücken. Die imposanten Schinkenkeulen hängen in jeder Tapabar von der Decke, schließlich werden die Schinkenscheiben stets frisch von der Keule geschnitten.
Probieren Sie mal frische Feigen zu hauchdünnem Serranoschinken – ein Genuss.

Knoblauch
Je frischer, desto aromatischer und bekömmlicher ist der kleine, aber feine »Stinker«. In der spanischen Küche kommt er reichlich zum Einsatz, denn Spanien ist eines der größten Anbauländer. Er regt die Verdauung und den Appetit an und ist damit geradezu prädestiniert als Tapazutat. Positiver Nebeneffekt: seine Inhaltstoffe schützen die Blutgefäße.

TIPP
Gegen die berüchtigte Knoblauchfahne hilft es, nach dem Essen etwas Petersilie zu kauen.

Oliven
Sie laden geradezu zum genüsslichen Aufpicken bei einem Gläschen Wein oder Sherry ein und sind pur die unkomplizierteste Tapavariante. Aber auch als Zutat für andere Tapas kommen die kleinen Steinfrüchte zum Einsatz. Roh ungenießbar bitter entfalten sie ihr Aroma erst durch Einlegen in Wasser, Öl, Essig oder Salz. Mit Kräutern oder Gewürzen in der Marinade oder gefüllt mit Anchovis, Paprika oder Mandeln sind sie besonders fein.
Oliven mit Stein sind aromatischer als bereits entsteinte.

Kartoffeln
Unverzichtbare Tapazutat, nicht nur in der beliebten »Tortilla española«, der Kartoffeltortilla, sondern auch als Spalten gebacken und mit Dip serviert oder als Bestandteil vieler Tapasalate.

TIPP
Verwenden Sie für Tapas fest kochende Sorten, die auch nach dem Kochen in Form bleiben.

Paprikapulver
Seit spanische Seefahrer im 15. Jahrhundert Paprikapflanzen aus Südamerika mitbrachten, ist das fein gemahlene Pulver aus getrockneten Gewürzpaprikaschoten unver-

TIPP
Paprikapulver kühl und dunkel lagern, so bleiben Farbe und Aroma lange erhalten.

zichtbarer Bestandteil der spanischen Küche. Während die edelsüße Variante des Pulvers mit fruchtig-süßer Note würzt, bringt die rosenscharfe Feuer in jedes Gericht.

Sherry
Der spanische Aperitifwein wird nicht nur zu den Tapas getrunken, sondern rundet auch den Geschmack vieler Tapas ab. Ein Klassiker ist z. B. Hühnchen in Sherrysauce.

> **TIPP**
> Verwenden Sie zum Kochen unbedingt trockenen Sherry (»Fino«).

Majonäse
Cremige Grundlage vieler Tapas, besonders der zahlreichen Salate oder Dips. Oft wird sie mit Knoblauch verfeinert.

Sardinen
Die kleinen länglichen Meeresfische gehören zur Heringsfamilie und haben einen kräftig-würzigen Geschmack. Knusprig frittiert als »Boquerones« werden sie in fast jeder Tapabar angeboten. Aber auch gegrillt oder im Ofen gebacken und mit kräftigen Kräutern oder Gewürzen verfeinert lieben sie die Spanier. Gesundes Plus: Sie enthalten wertvolle Omega-3-Fettsäuren, die Blutgefäße und Herz schützen.

> **TIPP**
> Probieren Sie frische Sardinen. Ihr Geschmack ist unvergleichlich besser als der der eingelegten Fische.

Mezze & Mezethakia

Auch in den Küchen der östlichen Mittelmeerländer und im Orient spielen kleine Vorspeisen eine große Rolle. In Griechenland heißen sie Mezethakia und werden aufwändig zubereitet. Traditionelle Mezethakia sind z. B. gefüllte Weinblätter, Tsatsiki oder ein Salat mit Oliven und Schafskäse. In der Türkei und im Orient heißen sie Mezeler oder Mezze und zeigen die Vielfalt und Pracht der orientalischen Küche auf köstliche Weise. In der Türkei wird aus den Vorspeisen nicht selten ein ganzes Buffet zusammengestellt, das besonders bei Festen sehr üppig ausfällt. Typisch türkische Vorspeisen sind mit Spinat oder Lammhackfleisch gefüllte Teigtaschen, gebratene oder gefüllte Auberginen und Bohnensalat. Typisch orientalische Vorspeisen sind Falafel (knusprig frittierte Kichererbsenbällchen), Couscoussalat oder verschiedene Dips und Pasten mit Fladenbrot.

Die Top 10 der Zutaten

Jogurt
In der griechischen, türkischen und orientalischen Küche spielt Jogurt eine

große Rolle, vor allem für erfrischende Dips und Saucen wie z. B. Tsatsiki. Mit seiner erfrischend-säuerlichen Note ergänzt er die oft kräftig und scharf gewürzten Gerichte aufs Beste und sorgt für Abkühlung im Mund.

Weinblätter
Die dunkelgrünen Blätter der Weinrebe umhüllen in Griechenland und in der Türkei köstliche Reis- oder Fleischfüllungen und fehlen auf keiner Mezzetafel.

Sesam
Die Samen der Ölpflanze sind mit ihrem nussigen Aroma eine wichtige Zutat türkischer und orientalischer Mezze. Oft wird auch Tahina verwendet, eine cremige Paste aus fein gemahlenen Sesamkörnern, die mit Zitronensaft und Gewürzen vermischt wird, wenn sie als Beilage gereicht wird. Sie finden Tahina in arabischen Lebensmittelgeschäften oder in Bioläden.
Besonders aromatisch schmecken Sesamsamen, wenn sie in einer Pfanne ohne Fett geröstet werden, bis sie duften und goldbraun sind.

Kreuzkümmel/Kumin
Dieser ist mit unserem heimischen Kümmel zwar verwandt, geschmacklich aber ganz anders, nämlich exotisch-aromatisch, leicht scharf und bitter. Ein unverzichtbares Gewürz der türkischen und orientalischen Küche. Er ist als ganze Samen oder gemahlen erhältlich.

TIPP
Kaufen Sie besonders gemahlenen Kreuzkümmel nur in kleinen Mengen, da das Gewürz schnell an Aroma verliert. Ganze Samen entfalten ihr Aroma, wenn sie im Mörser zerstoßen werden.

Kichererbsen
Die »lustigen« Erbsen sind eiweißreiche Grundlage vieler Mezze, z. B. für Falafel oder Hummus. Getrocknete Kichererbsen müssen mindestens 12 Stunden in kaltem Wasser eingeweicht werden und anschließend 30–45 Minuten kochen.

TIPP
Eine schnelle Alternative sind vorgegarte Kichererbsen aus der Dose, die Sie in gut sortierten Supermärkten oder türkischen Lebensmittelgeschäften finden.

Minze
Das Mentholaroma frischer Minze gibt vor allem türkischen und orientalischen Mezze den letzten Frischekick. Minze lässt sich im Ganzen oder gehackt einfrieren.

Schafskäse
Der in Salzlake gereifte weiße Käse verfeinert mit seinem pikant-würzigen Aroma viele griechische und türkische Vorspeisen, z. B. gewürfelt als Salatzutat oder zerbröckelt als gehaltvolle Füllung für Teigtaschen. Der griechische Schafskäse ist auch unter dem Namen »Feta« bekannt.

Lammfleisch
In der griechischen, türkischen und orientalischen Küche ist es sehr beliebt, sowohl als Hackfleisch als auch in größeren Stücken zum Braten oder Schmoren. Das Fleisch muss von Tieren stammen, die nicht älter als ein Jahr sind, und hat einen kräftigen Geschmack, der gut mit starken Gewürzen harmoniert.

Auberginen
Sie sind wichtiger Bestandteil der türkischen und orientalischen Vorspeisen. Die länglichen, dunkelvioletten Früchte kommen gebraten, gefüllt oder gebacken und zum Dip püriert (Melitzanosalata) auf den Tisch.
Frische Auberginen haben eine glänzende Schale und pralles Fruchtfleisch.

Bulgur
Der Weizenschrot aus Hartweizen ist nicht nur eine beliebte Beilage in der Türkei und im Orient, sondern als Salat, Gemüsefüllung oder in Hackfleischgerichten auch Bestandteil vieler Mezze. Da Bulgur bereits vorgekocht ist, muss er nur noch kurz kochen oder quellen.

Laden Sie ein zu Antipasti & Co.

Mit köstlichen Kleinigkeiten kommen Sie als Gastgeber groß raus: Antipasti, Tapas und Mezze lassen sich gut vorbereiten, bieten für jeden Geschmack etwas und laden zum Genießen in netter Runde ein. Sie eignen sich nicht nur als Fingerfood für Cocktails und Empfänge, sondern auch als Buffetstars für Partys und ganze Menüs. Egal ob Sie Ihre Gäste zur Tapaparty, zur orientalischen Nacht oder zum italienischen Abend einladen – mit diesen Grundregeln geht nichts schief:
Je mehr, desto besser – die Vielfalt macht's interessant und weckt die Lust am Probieren.
Wählen Sie die Gerichte dem Anlass und der Jahreszeit entsprechend aus. Bei einem Sektempfang sollten die Speisen edler sein als bei einem ungezwungenen Gartenfest und im Sommer leichter und frischer als im Winter.
Stellen Sie die Häppchen so zusammen, dass sie sich geschmacklich gut ergänzen und auch optisch unterschiedlich sind. Servieren Sie eine Mischung aus kalten und warmen Speisen, aus Fleisch, Fisch und Vegetarischem und aus frittierten oder gebratenen, marinierten und rohen Gerichten.
Wählen Sie Gerichte aus, die sich gut vorbereiten lassen. So können Sie der Einladung entspannt entgegensehen. Sie haben wenig Zeit? Ergänzen Sie Selbstgemachtes mit Gekauftem, z. B. eingelegten Oliven, Käse oder Schinken.
Damit alle satt werden, pro Person ein Rezept zubereiten, d. h. für 6 Personen 6 unterschiedliche Antipasti, Tapas oder Mezze servieren.

Unentbehrliches Beiwerk

Brot darf als Ergänzung zu Antipasti, Tapas und Mezze bei keiner Einladung fehlen. Zu Antipasti passt gut das italienische Weißbrot Ciabatta und knusprige Grissinistangen.

Baguette, Oliven- oder Nussbrot eignen sich als Beigabe zu Tapas, aber auch zu Antipasti. Zu Mezze sind Fladenbrot oder die kleineren Pitabrote ideal. Rechnen Sie pro Person 100 g Brot.
Je nach Rezeptauswahl sollten auch Dips und Saucen wie z. B. ein Minzejogurt zu orientalischen Hackbällchen oder eine Tomatensalsa zu Nachos nicht fehlen. Besonders im Sommer ist eine Platte mit aufgeschnittenem rohem Gemüse, z. B. Kirschtomaten, Gurkenscheiben oder Radieschen, zum Dippen toll. Fertig Eingelegtes wie Oliven, getrocknete Tomaten oder Kapernäpfel machen keine Arbeit, sind eine tolle Ergänzung für Ihr Buffet und eine »stille Reserve«, mit der Sie auch auf unerwartete Gäste vorbereitet sind.
Zu Antipasti und Tapas können Sie auch eine Käseplatte reichen. Rechnen Sie pro Person ca. 50 g Käse. Als süßer Abschluss ist ein Obstkorb mit 80–100 g Obst pro Person die beste Wahl: Er macht wenig Arbeit und ist zudem sehr dekorativ.

Flüssige Begleiter zu Antipasti & Co.

Zu italienischen Antipasti passt als Auftakt ein Glas Prosecco oder ein Campari Orange. Zu den Köstlichkeiten selbst gut gekühlten trockenen Weißwein und einen nicht ganz so schweren Rotwein servieren.
Als Starter für die Tapaparty perfekt: eiskalter spanischer Sekt (Cava). Wer seine Gäste besonders verwöhnen will, serviert ihn mit selbst gemachten Eiswürfeln aus Orangensaft. Ganz traditionell als Tapabegleiter ist ein trockener Sherry oder ein trockener spanischer Rotwein. Zu eher deftigen Tapas passt auch Bier.
In Griechenland und der Türkei wird zu den Mezze und Mezethakia gerne Anisschnaps getrunken, in Griechenland »Ouzo« und in der Türkei »Raki« genannt. Beide werden sowohl pur als auch mit Wasser verdünnt gereicht. Im Orient wird zu den Mezze traditionell Minztee, aufgebrüht aus frischer Minze, oder Schwarztee gereicht. Ein leichter Rotwein passt jedoch auch vorzüglich zu den kräftig gewürzten Speisen.
Zum Abschluss einen italienischen Espresso oder einen türkischen Mokka reichen. Wasser darf selbstverständlich bei keiner Einladung fehlen. Rechnen Sie pro Person 1,5 Liter Wasser, 0,5–1 Liter Wein oder 1,5–2 Liter Bier. Bei Aperitif und Digestif pro Person 1 Glas einplanen, bei Espresso, Mokka & Co. 1–2 Tassen.

So wird's besonders schön: die passende Dekoration

Hübsch angerichtet machen die kleinen Häppchen noch mehr Appetit. Stimmen Sie die Dekoration auf Anlass, Motto und Essen der Einladung ab. Preiswert und schön sind Dekomaterialien aus der Natur oder aus der Küche. Für eine italienische Einladung können Sie z. B. mit duftenden Kräutertöpfchen, Nudelgirlanden aus aufgefädelten Röhrchennudeln und Tomatenrispen stilecht in den Landesfarben dekorieren. Spanisch wird es, wenn Sie als Tischdecke roten und gelben Stoff verwenden, der die »spanische Flagge« symbolisiert, und die Tapas in rustikalen braunen Tonschälchen anrichten. Als Dekoration für eine orientalische Einladung bieten sich Gewürze wie Zimtstangen oder Kardamomkapseln, rote und grüne Chilischoten sowie Zitronen an. Schön sind auch mit roten Linsen und einem Teelicht gefüllte Gläser als Windlichter. Beherzigen Sie jedoch beim Dekorieren die Regel »Weniger ist mehr«, schließlich sollen die köstlichen Häppchen im Mittelpunkt stehen.

Antipasti

Mozzarella-Kartoffel-Kanapees (Abb. S. 13, für 10 Stück)

Zutaten
2 Tomaten
2 Pellkartoffeln
125 g Mozzarella
Kräutersalz
Pfeffer
einige Blätter Basilikum

TIPP
Mozzarella zählt zu den Brühkäsen. Ursprünglich wurde er aus Büffelmilch hergestellt, ist jedoch meist nur noch als milder Kuhmilchkäse in den Geschäften zu finden.

Zubereitung
1 Die Tomaten waschen und trockentupfen. Kartoffeln pellen und mit Tomaten in dicke Scheiben schneiden. Mozzarella abtropfen lassen, evtl. mit Küchenpapier trockentupfen und in dünne Scheiben schneiden.
2 Kartoffelscheiben auf ein mit Backpapier ausgelegtes Backblech legen, mit Kräutersalz und Pfeffer bestreuen. Basilikum waschen und trockenschütteln.
3 Backofen auf 220 Grad vorheizen. Jede Kartoffelscheibe mit 1 Tomatenscheibe, 1 Basilikumblatt und 1 Scheibe Mozzarella belegen. Im Backofen 10 Minuten gratinieren.
4 In jedes Mozzarella-Kartoffel-Kanapee einen kleinen Holzspieß oder Zahnstocher stecken und mit Basilikum garniert servieren.

EW	F	KH	kcal/kJ
3 g	3 g	3 g	49/206

Antipasti-Brötchen (für 24 Stück)

Zutaten
400 g Vollkornweizenmehl
100 g Weizenmehl (Type 405)
1 Päckchen Trockenhefe
200 ml Milch
80 g Butter
Salz
1 Ei
125 g Mozzarella
2 große Tomaten
3 getrocknete Tomaten in Öl
50 g schwarze Oliven, entsteint
80 g gekochter Schinken
80 g Pecorino
1/2 Bd. Basilikum
schwarzer Pfeffer aus der Mühle

Zubereitung
1 Vollkornmehl mit Weizenmehl und Hefe mischen. Milch in einem Topf erwärmen, Butter in einem zweiten Topf zerlassen. Milch, 1/2 TL Salz und Butter nach und nach zum Mehlgemisch geben und mit Ei zu einem glatten Teig verkneten. Teig zugedeckt an einem warmen Ort 30 Minuten gehen lassen.
2 Für die Füllungen Mozzarella abtropfen lassen. Tomaten mit kochendem Wasser überbrühen, abschrecken und häuten. Eingelegte Tomaten abtropfen lassen. Mit Oliven, Schinken und Käse klein schneiden.
3 Mozzarella- und Tomatenwürfel mit klein gezupften Basilikumblättern, Salz und Pfeffer würzen. Getrocknete Tomaten mit Oliven, klein gehackten Rosmarinnadeln, Salz und Pfeffer abschmecken. Gekochten Schinken mit Pecorino, abgezupften Thymianblättern, Salz und Pfeffer würzen.

4 Hefeteig auf einer bemehlten Arbeitsfläche nochmals durchkneten, zu 24 kleinen Kugeln formen und leicht flach drücken. Je 8 Stück mit den 3 verschiedenen Mischungen füllen. Überstehenden Teig über den Füllungen fest zusammendrücken und wieder zu Kugeln formen.

5 Auf ein mit Backpapier ausgelegtes Blech setzen und weitere 15 Minuten abgedeckt gehen lassen. Brötchen kreuzweise einschneiden und im vorgeheizten Ofen bei 180 Grad 30 Minuten goldgelb backen.

EW	F	KH	kcal/kJ
6 g	7 g	14 g	149/636

1 Zweig Rosmarin
1/2 Bd. Thymian
Mehl für die Arbeitsfläche

Melonenschiffchen

Zubereitung

1 Melone halbieren und mit einem Löffel die Kerne herauskratzen. Melonenhälften jeweils in 4–5 Stücke schneiden und beiseite stellen.

2 Limette unter heißem Wasser abwaschen, trockentupfen und in dünne Scheiben schneiden. Petersilie ebenfalls waschen, trockenschütteln und kleine Zweige von den Stängeln zupfen.

3 Je 2 Scheiben Schinken auf 1 Melonenschiffchen anrichten, 1 Limettenscheibe sowie Petersilie daraufsetzen und mit einem Zahnstocher feststecken. Bis zum Servieren kühl stellen.

EW	F	KH	kcal/kJ
12 g	4 g	8 g	118/496

Zutaten

1 Charentais-Melone
1 Limette (unbehandelt)
3 Stängel Petersilie
200 g luftgetrockneter Schinken (z. B. Parmaschinken)

TIPP

Zu Parmaschinken schmeckt auch Honigmelone sehr gut.

Zutaten
2 Seezungenfilets
4 dünne Scheiben Graved Lachs
2 TL Dill, fein gehackt
1 Bd. Rucola
einige Blätter Friséesalat
1 kleine Fenchelknolle
Salz
weißer Pfeffer
Saft von 1/2 Zitrone
Saft von 1/2 Orange
4 EL Olivenöl
1 TL Nussöl
Weißbrot oder Ciabatta als Beilage

TIPP
Nach Wunsch mit Zitronenspalten und Tomaten garnieren.

Carpaccio von Lachs und Seezunge

Zubereitung

1 Seezungenfilets jeweils zwischen 2 Bögen Klarsichtfolie legen und vorsichtig mit dem Nudelholz flach klopfen.

2 Die obere Folie entfernen, die Filets mit je 2 Scheiben Lachs belegen und mit Dill bestreuen. Mithilfe der Folie aufrollen und mindestens 15 Minuten tiefkühlen.

3 Rucola und Friséesalat waschen und trockenschleudern. Fenchelknolle putzen und quer in hauchdünne Streifen schneiden. Mit Salatblättern in einer Schüssel vermischen.

4 Salz und Pfeffer mit Zitrussäften verrühren, bis das Salz aufgelöst ist, dann nach und nach Öl unterschlagen, bis eine cremige Vinaigrette entsteht. Salat mit der Hälfte davon anmachen und auf kleinen, gekühlten Tellern anrichten.

5 Die leicht gefrorenen Fischröllchen mit einem scharfen Messer in möglichst dünne Scheiben schneiden und auf Tellern anrichten. Mit restlicher Vinaigrette beträufeln. Dazu knuspriges Weißbrot oder Ciabatta reichen.

EW	F	KH	kcal/kJ
26 g	18 g	25 g	366/1537

Zutaten
2 kleine Zwiebeln
2 EL Olivenöl
300 g Hühnerleber
4 Scheiben gekochter Schinken
4 Salbeiblätter
Salz
schwarzer Pfeffer aus der Mühle
Zitronensaft
4 Scheiben Ciabatta
100 g Mozzarella, in Scheiben geschnitten

Lebercrostini

Zubereitung

1 Zwiebeln schälen, fein hacken, Olivenöl in einer Pfanne erhitzen und Zwiebeln darin braten. Hühnerleber waschen, in feine Streifen schneiden, in die Pfanne geben und unter Rühren garen. Schinken fein schneiden, mit Salbeiblättern in die Pfanne geben und kurz mitbraten. Mit Salz und Pfeffer abschmecken und mit 2–3 EL Wasser und Zitronensaft ablöschen.

2 Brotscheiben leicht toasten und mit der Leber-Schinken-Mischung belegen. Mozzarella darauflegen und die fertigen Crostini im Ofen einige Minuten überbacken.

EW	F	KH	kcal/kJ
40 g	17 g	11 g	354/1488

Artischockenböden mit Tatar

Zutaten
250 g Tatar
1 kleine Zwiebel
Salz
Pfeffer aus der Mühle
1 Ei
1 EL Petersilie, gehackt
8 Artischockenböden (Dose)
40 g Parmesan, gerieben

Zubereitung

1 Das Tatar mit einer Gabel auflockern. Zwiebel schälen, fein hacken und untermengen. Salzen und pfeffern, Ei und Petersilie untermischen.

2 Artischockenböden abtropfen lassen. Mit der Hackmasse füllen, mit Parmesan bestreuen und bei 220 Grad kurz grillen. Sofort servieren.

EW	F	KH	kcal/kJ
21 g	10 g	4 g	178/749

Minipizzen mit Tunfisch (für 16 Stück)

Zutaten
1/2 Würfel Hefe
1 Prise Zucker
400 g Mehl
Salz
105 ml Olivenöl
500 g Tomaten
2 Dosen Tunfisch
2 Knoblauchzehen
je 40 g grüne und schwarze Oliven
2 EL Petersilie, fein gehackt
Pfeffer
Mehl für die Arbeitsfläche
Fett für das Blech
50 g Parmesan
Petersilie zum Garnieren

Zubereitung

1 Hefe mit Zucker in ca. 1/8 l lauwarmem Wasser auflösen, mit Mehl, 1 Prise Salz und 75 ml Olivenöl zu einem glatten Teig verkneten, zugedeckt an einem warmen Ort gehen lassen.

2 Tomaten kreuzweise einritzen, mit kochendem Wasser überbrühen, abschrecken, häuten, entkernen und das Fruchtfleisch in Würfel schneiden. Tunfisch auf ein Sieb geben, gut abtropfen lassen und mit einer Gabel zerpflücken.

3 Knoblauch schälen, durch eine Presse drücken. Oliven entsteinen. Tunfisch mit Oliven, Petersilie, Tomatenstückchen und Knoblauch vermischen, mit Salz und Pfeffer pikant abschmecken.

4 Teig auf bemehlter Arbeitsfläche durchkneten, zu einer Rolle formen und in 16 gleich große Teile schneiden. Teigstücke zu runden Fladen ausrollen, auf ein gefettetes Backblech legen, einen Rand formen und Tomaten-Tunfisch-Mischung darauf verteilen. Mit restlichem Olivenöl beträufeln und im vorgeheizten Backofen bei 200 Grad 25 Minuten backen.

5 Parmesan reiben, auf den heißen Pizzen verteilen und mit Petersilie garniert servieren.

EW	F	KH	kcal/kJ
8 g	12 g	20 g	216/903

Zutaten
ca. 100 g ganze Mandeln, geschält
200 g grüne Oliven, entsteint
1 Bd. Petersilie
2 Knoblauchzehen
4 EL Olivenöl
Salz
Pfeffer
1 rote Peperoni
250 g Grissini (Fertigprodukt oder Rezept s. S. 32)

Gefüllte Oliven

Zubereitung

1 Mandeln halbieren und Oliven damit füllen. Petersilie waschen, trockenschütteln, Blätter abzupfen und grob hacken.

2 Knoblauch schälen und zum Olivenöl pressen. Mit Petersilie, Salz und Pfeffer verrühren und über die Oliven träufeln. Peperoni halbieren, entkernen, waschen und in feine Streifen schneiden. Unter die Oliven mischen und zugedeckt 2 Stunden marinieren.

3 Oliven nach Wunsch mit Grissini servieren.

EW	F	KH	kcal/kJ
11 g	32 g	43 g	500/2100

TIPP

Sehr gut schmecken die Oliven auch, wenn man sie mit Käse oder eingelegter roter Paprika füllt.

Carpaccio (für 6–8 Personen)

Zutaten
500 g Rinderfilet
500 g Mozzarella
3 Frühlingszwiebeln
1 EL milder Essig
4 EL Olivenöl
Salz
schwarzer Pfeffer aus der Mühle
1 Knoblauchzehe, gehackt
2 EL gemischte Kräuter, gehackt

Zubereitung

1 Rinderfilet vor dem Anschneiden 1–2 Stunden ins Gefrierfach legen, damit es sich leichter in dünne Scheiben schneiden lässt.

2 Filet und Käse in hauchdünne Scheiben schneiden und auf Tellern anrichten. Frühlingszwiebeln putzen, waschen und mit etwas Grün in feine Ringe schneiden, darübergeben.

3 Aus Essig, Öl, Salz, Pfeffer, Knoblauch und Kräutern eine Vinaigrette rühren und über Fleisch und Mozzarella träufeln.

EW	F	KH	kcal/kJ
27 g	19 g	1 g	285/1180

Gebratenes Gemüse auf Ciabatta

Zutaten
80 g zimmerwarme Butter
2 TL Tomatenmark
1/2 Bd. Petersilie, fein gehackt
Salz
Pfeffer
2 rote Zwiebeln
1 EL Butterschmalz
1 Knoblauchzehe
1 kleine Zucchini
6 Basilikumblätter
8 Scheiben Ciabatta mit Oliven
schwarzer Pfeffer aus der Mühle

Zubereitung

1 Butter mit Tomatenmark und Petersilie vermengen, mit Salz und Pfeffer abschmecken, kühl stellen.

2 Zwiebeln schälen und in Spalten schneiden. Butterschmalz in einer Bratpfanne erhitzen, die Zwiebelspalten 10 Minuten bei mittlerer Hitze anrösten.

3 Knoblauch schälen und in dünne Scheiben schneiden. Zucchini waschen, putzen und in ca. 3 mm dicke Scheiben schneiden, beides zu den Zwiebeln geben und 5 Minuten mitbraten. Mit Salz und Pfeffer würzen. Zum Schluss Basilikumblätter zugeben und die Mischung auskühlen lassen, bis sie lauwarm ist.

4 Ciabattascheiben mit der Tomaten-Petersilien-Butter dick bestreichen. Lauwarmes Gemüse darauf verteilen und mit schwarzem Pfeffer nach Wunsch bestreuen.

EW	F	KH	kcal/kJ
6 g	18 g	32 g	310/1299

TIPP
Seit Jahrhunderten ist die Zucchini eine wichtige Zutat in der italienischen Küche. Blüte und Frucht finden hier gleichermaßen Verwendung.

Riesenbohnen mit Zitronenöl

Zutaten
1 Zwiebel
2 Knoblauchzehen
500 g weiße Riesenbohnen
1 EL Tomatenmark
Salz, Pfeffer
4 EL Olivenöl

Zubereitung

1 Zwiebel und 1 Knoblauchzehe schälen und fein würfeln. Riesenbohnen in einen großen Topf füllen, gut mit kaltem Wasser bedecken und zum Kochen bringen. Zwiebel, Knoblauch, Tomatenmark, Salz und Pfeffer hinzufügen und 1 Stunde garen.

2 Restliche Knoblauchzehe schälen, durch eine Presse drücken oder mit etwas Salz zerdrücken. Olivenöl, Zitronensaft und gepressten Knoblauch glatt rühren und kalt stellen. Nach Belieben Petersilie untermischen.

3 Riesenbohnen in ein Sieb schütten, abtropfen lassen, in eine Schüssel umfüllen, mit Sauce mischen und nochmals zum Durchziehen kühl stellen.

EW	F	KH	kcal/kJ
17 g	13 g	43 g	340/1435

Saft von 1 Zitrone
nach Belieben Petersilie, gehackt

Insalata caprese leggero

Zubereitung

1 Tomaten waschen und Stielansätze entfernen. Mozzarella abtropfen lassen und mit den Tomaten in Scheiben schneiden. Tomaten und Mozzarella abwechselnd fächerförmig auf 4 Tellern anrichten.

2 Olivenöl und Zitronensaft verrühren, mit Salz würzen, Caprese damit beträufeln und mit grob gemahlenem Pfeffer bestreuen. Mit Basilikum garniert servieren.

EW	F	KH	kcal/kJ
13 g	11 g	2 g	164/688

Zutaten
4 mittelgroße Tomaten
250 g Mozzarella light (z. B. von Galbani)
2 EL Olivenöl
2 EL Zitronensaft
Salz
Pfeffer, grob gemahlen
Basilikum

Frittierter Mozzarella

Zutaten
1/2 Bd. Rucola
210 g kleine Mozzarellakugeln
Salz, Pfeffer
1 Ei
4 EL Paniermehl
1 EL Mehl
100 ml Olivenöl

Zubereitung

1 Rucola putzen, waschen, trockenschleudern und klein schneiden. Mozzarella abtropfen lassen, mit Salz und Pfeffer würzen und im Rucola gleichmäßig wenden.

2 Ei in einem tiefen Teller verquirlen. Paniermehl und Mehl auf getrennte Teller geben. Die Mozzarellakugeln nacheinander in Mehl, Ei und Paniermehl wenden.

3 Öl erhitzen und Käsekugeln darin goldbraun frittieren.

EW	F	KH	kcal/kJ
14 g	37 g	10 g	426/1789

Bruschette

Zutaten
1 Knoblauchzehe
12 dünne Scheiben Baguette
2–3 EL Olivenöl
250 g Flaschentomaten
80 g kalifornische Walnüsse
2 EL glatte Petersilie, fein gehackt
1 EL Tomatenmark
2 EL Basilikum, fein gehackt
1 EL Oliven, fein gehackt
Salz, Pfeffer

Zubereitung

1 Knoblauch schälen, halbieren und Baguettescheiben damit einreiben. In einer Pfanne mit Olivenöl von beiden Seiten anrösten.

2 Tomaten überbrühen, abschrecken, häuten, entkernen und würfeln. Walnüsse in einer Pfanne ohne Fett anrösten und klein hacken.

3 Tomatenwürfel mit der Hälfte der Walnüsse, Petersilie, Tomatenmark, Basilikum und Oliven mischen. Mit Salz und Pfeffer abschmecken.

4 Auf den Baguettescheiben verteilen, mit den restlichen Walnüssen bestreuen.

EW	F	KH	kcal/kJ
9 g	24 g	38 g	404/1697

TIPP
Dieses landestypische Rezept wird häufig mit Bauernbrot aus Sauerteig zubereitet und ist in den Abruzzen eine beliebte Vorspeise.

Gefüllte Zucchinistreifen

(für 25 Stück)

Zubereitung

1 Zucchini waschen, abtrocknen, längs in 4 mm dicke Streifen schneiden und in 1 1/2 EL Butterschmalz andünsten.

2 Fleisch von Fett und Sehnen befreien und klein hacken. Schalotten schälen, würfeln, in 2 EL Butterschmalz dünsten, Fleisch hinzugeben und alles kurz anbraten. Fleisch herausnehmen und zur Seite stellen.

3 Tomaten waschen, in Würfel schneiden, zum Kochfond geben, mit Sherry ablöschen und mit Salz und Pfeffer abschmecken. Oregano waschen, trockenschütteln, Blätter fein hacken. Oliven würfeln und mit Fond zum Fleisch geben.

4 Eier aufschlagen, unterrühren und Masse abkühlen lassen. Auf die Zucchinistreifen streichen, zusammenrollen und auf ein Backblech geben; evtl. mit Zahnstochern feststecken.

5 Parmesan fein reiben. Zucchiniröllchen mit restlichem Butterschmalz bestreichen und mit Parmesan bestreuen. Bei 180 Grad 7–10 Minuten im Ofen backen, bis der Käse leicht braun geworden ist.

EW	F	KH	kcal/kJ
4 g	4 g	1 g	60/251

Zutaten

4 Zucchini
5 EL Butterschmalz
300 g Kalbfleisch
5 Schalotten, 2 Tomaten
1 EL Sherry, Salz, Pfeffer
3 Zweige Oregano
60 g Oliven, 2 Eier
40 g Parmesan

TIPP

Oregano, auch wilder Majoran genannt, verleiht nicht nur der neapolitanischen Pizza ihren unvergleichlichen Geschmack. Doch achten Sie darauf, dass der frische Oregano aus wärmeren, südlicheren Gebieten (z. B. Süditalien) stammt, da dieser kräftiger im Geschmack ist.

Zutaten
200 g Penne
Salz
200 g Aubergine
250 g Zucchini
je 1 rote, gelbe und grüne Paprikaschote
2 Bd. Rucola
3 EL Balsamico-Essig
4 EL Salatöl
1/2 Bd. Thymian
50 g Salami, in dünne Scheiben geschnitten
20 g schwarze Oliven, entsteint

TIPP
Bunte Nudeln wirken in diesem Salat besonders dekorativ.

Pennesalat

Zubereitung

1 Penne nach Packungsanweisung in reichlich Salzwasser kochen. In ein Sieb gießen und gut abtropfen lassen.

2 Aubergine, Zucchini und Paprika unter fließendem kaltem Wasser waschen. Aubergine halbieren, mit der Zucchini in Scheiben schneiden und salzen. Paprika von Kernen und Innenhäuten befreien und in Stücke schneiden. Rucola verlesen, gründlich waschen und trockenschleudern.

3 Balsamico-Essig mit 3 EL Salatöl und 3 EL Wasser vermengen.

4 1 EL Salatöl und Thymian in einer Grillpfanne erhitzen und das Gemüse portionsweise darin braten.

5 Das gebratene Gemüse und die Nudeln in das Dressing geben, vermischen und abkühlen lassen.

6 Salamischeiben in Stücke schneiden, mit Oliven und Rucola unter den Salat heben und sofort servieren.

EW	F	KH	kcal/kJ
12 g	18 g	44 g	388/1630

Süditalienisches Antipastigemüse (für 12 Personen)

Zubereitung

1 Auberginen, Paprikaschoten und Sellerie waschen, putzen und in ca. 3 cm große Stücke schneiden. Zwiebeln und Knoblauch schälen und in nicht zu dünne Spalten schneiden.

2 Champignons mit Küchenpapier trockenreiben und Stielenden abschneiden.

3 Öl mit Salz, Pfeffer und italienischen Kräutern verrühren. Alle vorbereiteten Zutaten sowie Rosinen, Pinienkerne und Kapern unter das Öl mischen. Gemüse in eine große, hitzebeständige Form geben, abdecken und mindestens 1 Stunde marinieren lassen.

4 Gemüse im auf 200 Grad vorgeheizten Ofen in ca. 30 Minuten gar schmoren, dabei immer wieder umrühren.

5 Antipastigemüse mit Essig, Salz und Pfeffer abschmecken. Etwas abkühlen lassen und lauwarm mit frischem Baguette oder Ciabatta servieren.

EW	F	KH	kcal/kJ
23 g	38 g	52 g	561/2763

Zutaten

2 Auberginen
je 1 rote, gelbe und grüne Paprikaschote
1 Stange Sellerie
2 Zwiebeln
4 Knoblauchzehen
200 g kleine Champignons
1/4 l Olivenöl
Salz
weißer Pfeffer aus der Mühle
3 TL italienische Kräuter
6 Fleischtomaten, geachtelt
80 g Rosinen
50 g Pinienkerne
2 EL Kapern
3 EL Balsamico-Essig
Baguette oder Ciabatta als Beilage

TIPP

Sie können das Gemüse auch abdecken, über Nacht im Kühlschrank ziehen lassen und kalt servieren. In jedem Fall schmeckt es mit Weißbrot, Parmesan und Wein sehr gut.

Zutaten
300 g Cocktailtomaten
150 g Frischkäse mit Paprikageschmack
1 kleine rote Chilischote
1–2 Knoblauchzehen
1 kleine rote Zwiebel
ca. 20 Basilikumblättchen
2 Zweige Rosmarin
2 Lorbeerblätter
1/8 l Olivenöl
1 EL weißer Balsamico-Essig, Salz
grober schwarzer Pfeffer

Cocktailtomaten in scharfem Würzöl

Zubereitung

1 Tomaten waschen und trockentupfen. Einen kleinen Deckel abschneiden und Kerne sowie Innenhäute mit einem Kugelausstecher oder einem scharfen Messer herauskratzen.

2 Frischkäse in einen Spritzbeutel mit einer kleinen, glatten Tülle füllen und die Tomaten damit füllen. Tomaten in eine Schale legen.

3 Für das Würzöl Chilischote waschen, längs aufschlitzen, Kerne sowie weiße Innenhäute entfernen und Fruchtfleisch fein hacken. Knoblauch und Zwiebel schälen, den Knoblauch in Scheiben schneiden, die Zwiebel fein hacken.

4 Kräuter waschen, trockenschütteln und hacken. Öl und Essig mit allen vorbereiteten Zutaten verrühren, mit Salz und Pfeffer würzen.

5 Würzöl über die Tomaten gießen und mindestens 2 Stunden abgedeckt marinieren lassen.

EW	F	KH	kcal/kJ
4 g	23 g	4 g	236/993

Auberginen-Zucchini-Röllchen

Zutaten
je 1/2 Bd. Petersilie und Basilikum
1 Knoblauchzehe
3 EL Olivenöl
3 EL Paniermehl
40 g Parmesan, frisch gerieben
Salz
Pfeffer aus der Mühle
je 1 Aubergine und Zucchini
400 g Mozzarella (z. B. von Galbani)

Zubereitung

1 Kräuter waschen, trockentupfen und Blättchen abzupfen. Knoblauch schälen und mit den Kräutern fein hacken.

2 1 EL Olivenöl erhitzen, Paniermehl darin unter Rühren anrösten. Mit Kräutern, Knoblauch, 1 EL Olivenöl und Parmesan mischen, mit Salz und Pfeffer abschmecken.

3 Gemüse putzen, waschen und der Länge nach in dünne Scheiben, Mozzarella ebenfalls längs in Scheiben schneiden.

4 Gemüse mit Kräuterpaste bestreichen und mit Mozzarella belegen. Zu Röllchen aufrollen und mit Holzspießen feststecken.

5 Restliches Olivenöl erhitzen, die Röllchen darin bei mittlerer Hitze unter Wenden ca. 10 Minuten braten.

EW	F	KH	kcal/kJ
25 g	35 g	11 g	459/1928

TIPP
Zucchini sollten nach Möglichkeit nur gründlich gewaschen und dann mit Schale verarbeitet werden, da sich alle Aromastoffe in der Schale befinden.

Crostini mit Olivenpaste

Zutaten
200 g Champignons oder Steinpilze
3 EL Olivenöl
1 Knoblauchzehe
Salz
Pfeffer aus der Mühle
4 Scheiben Ciabatta
50 g schwarze Oliven, entsteint
frische Basilikumblättchen

Zubereitung

1 Pilze putzen und in Scheiben schneiden. In 1 1/2 EL Öl zusammen mit der geschälten Knoblauchzehe 5 Minuten dünsten, bis sie knapp weich sind. Salzen und pfeffern und die Knoblauchzehe entfernen.

2 Brotscheiben goldbraun rösten.

3 Oliven im Mixer mit dem restlichen Öl pürieren. Brotscheiben damit bestreichen, Pilze daraufgeben und mit Basilikumblättchen garnieren.

EW	F	KH	kcal/kJ
3 g	10 g	8 g	129/541

Gegrillte Auberginen

Zutaten
125 g zimmerwarme Butter
5 Frühlingszwiebeln
10 Stängel Minze
1 TL Paprikapulver
1/2 TL Kreuzkümmel, gemahlen
Salz, Pfeffer
4 Auberginen

Zubereitung

1 Butter mit dem Handrührgerät ca. 5 Minuten auf höchster Stufe schaumig schlagen.

2 Frühlingszwiebeln und Minze waschen, Zwiebeln in feine Ringe schneiden. Minze trockentupfen und fein hacken. Beides unter die Butter rühren und mit Gewürzen abschmecken. Kalt stellen.

3 Auberginen waschen, der Länge nach in dünne Scheiben schneiden und mit Salz bestreuen. Auberginen Wasser ziehen lassen, trockentupfen und unter Wenden auf dem Grill 10–12 Minuten garen.

4 Auberginenscheiben mit Zwiebel-Minz-Butter servieren.

EW	F	KH	kcal/kJ
3 g	27 g	8 g	278/1162

Panzanella

Zutaten
300 g Ciabatta
10 EL Rotweinessig
3 Knoblauchzehen
3 TL Senf
Salz
Pfeffer, grob geschrotet
Zucker
4 Frühlingszwiebeln
4 Tomaten

Zubereitung

1 Brot in Stücke schneiden. 100 ml Wasser mit 5 EL Essig vermischen und die Brotwürfel darin einweichen.

2 Knoblauchzehen schälen, fein hacken und mit dem restlichen Essig, Senf, Salz, Pfeffer und Zucker zu einem Dressing verrühren.

3 Frühlingszwiebeln putzen und in Ringe schneiden. Tomaten und Gurke putzen, waschen und würfeln. Einge-

weichtes Brot ausdrücken.
4 Alle vorbereiteten Zutaten mit dem Dressing vermengen, etwas durchziehen lassen und mit Basilikumblättchen bestreut servieren.

EW	F	KH	kcal/kJ
8 g	1 g	42 g	230/960

1 Salatgurke
einige Blättchen Basilikum

Zitronen-Knoblauch-Pilze

Zubereitung

1 Pilze putzen. Zitrone unter heißem Wasser abwaschen, abtrocknen und in dünne Scheiben schneiden. Knoblauchzehen schälen, ebenfalls in dünne Scheiben schneiden. Kräuter waschen, trockenschütteln, Blättchen abzupfen und grob hacken.
2 Alufolie in 8 Stücke von 30 x 30 cm Größe schneiden und jeweils 2 Stücke Alufolie aufeinander legen. Je 2 Pilze zusammen mit Zitronenscheiben, Kräutern und Knoblauch auf einer Hälfte der Folienstücke gleichmäßig verteilen.
3 Butter in kleinen Flöckchen auf die Pilze geben, mit Salz und Pfeffer würzen. Die andere Hälfte der Folienstücke über die Pilze klappen, die Ränder sorgfältig nach innen falten, sodass ein Päckchen entsteht. Auf einer weniger heißen Stelle am Rand des Grills 12–15 Minuten grillen, dabei einmal wenden. Pilzpäckchen vom Grill nehmen, auspacken und mit Ciabatta servieren.

EW	F	KH	kcal/kJ
6 g	17 g	5 g	203/849

Zutaten
8 Riesenchampignons
1 Zitrone (unbehandelt)
2 Knoblauchzehen
4 Stängel Dill
1 Bd. Petersilie
80 g Butter
Salz
Pfeffer
Ciabatta als Beilage

TIPP
Mit Kräutern und Butter in Folie gegart schmecken auch Zucchini, Salatherzen oder andere Gemüsesorten mit kurzer Garzeit.

Kalbfleischtörtchen (für 8 Personen)

Zutaten
300 g frische Champignons
Zitronensaft
4 Zweige frischer Estragon
4 Zwiebeln, gehackt
4 EL Öl
600 g Hackfleisch vom Kalb
Salz, Pfeffer
4 EL Petersilie, fein gehackt
500 g Mürbeteig
1 Ei
200 ml Milch
2 Msp. Paprikapulver

Zubereitung

1 Champignons putzen, in Würfel schneiden, mit Zitronensaft beträufeln. Estragon waschen, trockenschütteln, 8 kleine Zweige beiseite legen und restliche Blätter fein hacken. Zwiebeln dazugeben und in Öl goldgelb braten.

2 Hackfleisch und Champignons zugeben, unter Rühren anbraten, bis das Fleisch gar ist. Mit Salz, Pfeffer, Petersilie und Estragon abschmecken. Hackfleischmasse auskühlen lassen.

3 Teig ausrollen, 8 kleine Förmchen damit auslegen. Teig mit einer Gabel mehrmals einstechen. Fleischmasse gleichmäßig darauf verteilen.

4 Törtchen im vorgeheizten Backofen bei 220 Grad ca. 25 Minuten backen. Ei mit Milch verrühren, mit Paprikapulver abschmecken. Nach 25 Minuten Backzeit die Eiermilch gleichmäßig über die Fleischmasse gießen.

5 Backofen auf 180 Grad zurückschalten. Törtchen weitere 15–20 Minuten backen und mit Estragon garnieren.

EW	F	KH	kcal/kJ
22 g	31 g	37 g	514/2159

Gefüllte Zucchiniblüten

Zutaten
80 g Mehl
Salz
100 g Mozzarella
10 Sardellenfilets in Öl
10 frische Basilikumblätter
20 Zucchiniblüten
Olivenöl zum Frittieren
Pfeffer
1 Zitrone (unbehandelt), in Schnitze geschnitten

Zubereitung

1 Mehl mit ca. 1/4 l Wasser und 1 Prise Salz in einer Schüssel zu einem glatten Teig rühren.

2 Mozzarella abtropfen lassen, in streichholzgroße Stifte schneiden. Sardellen trockentupfen. Basilikum waschen und trockentupfen. Je 1 Stück Mozzarella, 1/2 Sardellenfilet und etwas Basilikum in die Zucchiniblüten stecken und die Blätter schließen.

3 Boden einer Pfanne ca. 2 1/2 cm hoch mit Öl füllen und erhitzen. Blüten einzeln in den Teig tauchen, leicht abtropfen lassen, im Fett portionsweise ca. 3 Minuten goldbraun und knusprig ausbacken. Auf Küchenpapier abtropfen lassen, mit Salz und Pfeffer würzen.

4 Zucchiniblüten heiß mit Zitrone servieren.

5 Ergibt 20 Stück.

EW	F	KH	kcal/kJ
3 g	3 g	3 g	50/210

Gefüllter Mozzarella (für 8 Personen)

Zubereitung

1 Basilikum waschen, trockenschütteln, Blätter abzupfen und bis auf einige Blätter fein hacken.

2 Mozzarella abtropfen lassen und so aushöhlen, dass ein ca. 5 mm dicker Rand stehen bleibt. Das Ausgehöhlte mit fein gehacktem Basilikum, 3 EL Öl und 1 Beutel MAGGI Salat mit Pfiff zu einer cremigen Masse pürieren.

3 Die Mozzarellakugeln mit Kräuterpüree füllen, in Klarsichtfolie wickeln und im Kühlschrank ca. 1 Stunde ruhen lassen.

4 Champignons putzen und in Scheiben schneiden. Restliches Öl in einer Pfanne erhitzen, Champignons dazugeben und anbraten. Abkühlen lassen, 6 EL Wasser und restliches MAGGI Salat mit Pfiff einrühren und gut mischen.

5 Tomaten waschen, Stielansätze entfernen, in Scheiben schneiden und auf einer Platte anrichten. Champignons darauf verteilen. Mozzarella aus der Folie nehmen, in Scheiben schneiden und ebenfalls darauf anrichten. Mit restlichem Basilikum garniert servieren.

EW	F	KH	kcal/kJ
10 g	22 g	2 g	259/1078

Zutaten

1/2 Bd. Basilikum
3 Kugeln Mozzarella (à 125 g)
9 EL Thomy »Sonne & Olive«
3 Beutel MAGGI Salat mit Pfiff »Italienische Art«
300 g Champignons
3 Tomaten

Vitello tonnato (für 6 Personen)

Zutaten
1 Bd. Suppengrün
1 Zwiebel
1 l trockener Weißwein
Salz
2 Lorbeerblätter
1 getrocknete Peperonischote
1 Zweig Rosmarin
700 g Kalbsfilet
1 Brühwürfel
200 ml Olivenöl
150 g Tunfisch (Dose)
4 Sardellenfilets
2 EL Kapern
2 EL Zitronensaft
3 frische Eigelb
2 EL Petersilie, gehackt
Zitronenscheiben zum Garnieren

Zubereitung

1 Suppengrün waschen und grob zerkleinern. Zwiebel schälen und halbieren.

2 Aus Wein, Salz, Lorbeer, Peperoni, Rosmarin, Suppengrün und Zwiebel eine Marinade herstellen und Fleisch darin mehrere Stunden ziehen lassen. Mit 1/2 l Wasser auffüllen, Brühwürfel hinzufügen, erhitzen und in ca. 30 Minuten gar ziehen lassen.

3 Fleisch im Sud erkalten lassen. Abgekühlt in dünne Scheiben schneiden und fächerartig auf einen großen Teller legen.

4 Für die Sauce Olivenöl, Tunfisch, Sardellenfilets, 1 EL Kapern, Zitronensaft und Eigelb pürieren. Zum Schluss mit wenig Salz würzen.

5 Sauce auf die Fleischfächer streichen, mit restlichen Kapern, Petersilie und Zitronenscheiben garniert servieren.

EW	F	KH	kcal/kJ
49 g	21 g	1 g	263/1103

Gemischte Grissini

Zutaten
1 Würfel Hefe
500 g Mehl
40 g Margarine
Salz
Mehl zum Ausrollen
Sesam-, Mohn- und Fenchelsamen

TIPP
Ein Bäcker aus Turin soll im 17. Jh. Grissini zum ersten Mal gebacken haben. Heute gibt es viele leckere Varianten, die zu jedem italienischen Vorspeisenbuffet gehören.

Zubereitung

1 Hefe in 1/4 l lauwarmem Wasser auflösen. Mehl, Margarine, 1 TL Salz und das Hefewasser in eine Schüssel geben, zu einem glatten Teig verarbeiten. Zugedeckt an einem warmen Ort gehen lassen, bis sich das Volumen etwa verdoppelt hat.

2 Teig auf einer bemehlten Arbeitsfläche gut durchkneten und ca. 1/2 cm dick ausrollen. Mit einem Messer in ca. 1/2 cm breite Streifen schneiden, mit Salzwasser bestreichen. Nach Belieben die Teigstangen in Sesam-, Mohn- oder Fenchelsamen wälzen.

3 Auf ein mit Backpapier belegtes Blech geben und weitere 10 Minuten gehen lassen.

4 Im vorgeheizten Backofen bei 200 Grad in 12–15 Minuten goldgelb backen.

EW	F	KH	kcal/kJ
2 g	1 g	10 g	60/250

Tapas

Boquerones (Abb. S. 33, für 12 Stück)

Zutaten
5 EL Olivenöl
12 küchenfertige Sardinen
3 EL Mehl
Salz, Pfeffer
Saft von 1 Zitrone
Salatblätter
Zitronenscheiben zum Garnieren

Zubereitung

1 3 1/2 EL Olivenöl in einer Pfanne erhitzen. Sardinen unter fließendem kaltem Wasser waschen, mit Küchenpapier trockentupfen.

2 Mehl auf einen Teller geben. Sardinen darin wenden und in das erhitze Öl gleiten lassen. Fisch von beiden Seiten knusprig braten.

3 Salz, Pfeffer, Zitronensaft und restliches Olivenöl in einer kleinen Schüssel vermischen. Frittierte Sardinen damit beträufeln.

4 Nach Wunsch auf Salatblättern anrichten und mit Zitronenscheiben garniert servieren.

EW	F	KH	kcal/kJ
31 g	22 g	12 g	368/1546

Ensalada rusa

Zutaten
2 Eigelb
1 TL Senf
Salz
1/8 l Olivenöl
2 Knoblauchzehen
2 EL Zitronensaft
Pfeffer
3 Artischockenherzen (Dose)
3 fest kochende Kartoffeln
100 g grüne Bohnen
1 Möhre
125 g frische Erbsen
30 g Cornichons
15 schwarze Oliven, entsteint
2 EL Kapern
4 Sardellenfilets

Zubereitung

1 Für die Majonäse Eigelb mit Senf und 1/4 TL Salz schaumig schlagen. Öl in einem feinen Strahl unter ständigem Rühren zugießen. Knoblauch schälen und durchpressen. Mit Zitronensaft und 1 TL kochendem Wasser dazugeben und 1 Minute weiterrühren. Mit Salz und Pfeffer abschmecken.

2 Artischocken abtropfen lassen. Kartoffeln waschen, in kaltem Salzwasser langsam zum Kochen bringen und 15–20 Minuten weich kochen. Abgießen, auskühlen lassen und pellen. Vollständig erkalten lassen und in 1 cm große Würfel schneiden.

3 Bohnen waschen, putzen und in 1 cm lange Stücke schneiden. Möhre schälen und in 1 cm große Würfel schneiden. Bohnen in Salzwasser bissfest garen, kalt abschrecken und abtropfen lassen. Möhre und Erbsen auf die gleiche Weise zubereiten.

4 Cornichons fein hacken, 10 Oliven in Scheiben schneiden. Etwas vorbereitetes Gemüse sowie Cornichons zum Garnieren beiseite stellen. Restliches Gemüse salzen und pfeffern. Mit Kapern, Sardellen, Olivenscheiben und Majonäse vermengen, evtl. abschmecken.

5 Salat mit Gemüse, Cornichons und ganzen Oliven garniert servieren.

EW	F	KH	kcal/kJ
11 g	41 g	23 g	503/2113

Gefüllte Feigen (für 12 Stück)

Zutaten
12 getrocknete Feigen
ca. 100 g Frischkäse
12 ganze Mandeln

Zubereitung

1 Feigen mit einem spitzen Messer der Länge nach einschneiden, dabei jedoch nicht durchtrennen.

2 Jede Feige vorsichtig mit ca. 1 TL Frischkäse füllen und 1 Mandel in den Käse drücken.

EW	F	KH	kcal/kJ
4 g	7 g	21 g	154/647

Queso mahones (für 6–8 Personen)

Zutaten
800 g Schafskäse
2 Eier
2 TL Oregano
schwarzer Pfeffer
100 g Haselnüsse, gemahlen
80 g Paniermehl
Öl zum Ausbacken
1/2 Bd. Petersilie

Zubereitung

1 Käse in ca. 2 cm große Würfel schneiden. Eier aufschlagen und in einem tiefen Teller mit Oregano und Pfeffer verquirlen. Haselnüsse und Paniermehl in einem weiteren Teller mischen.

2 Käsewürfel nacheinander erst im verquirlten Ei, dann in der Paniermehlmischung wenden, sodass sie von allen Seiten gut bedeckt sind.

3 Öl in einer tiefen Pfanne erhitzen, Käsewürfel portionsweise hineingeben und von allen Seiten gleichmäßig goldgelb ausbacken. Auf Küchenpapier abtropfen lassen und nach Wunsch mit fein gehackter Petersilie bestreut servieren.

EW	F	KH	kcal/kJ
22 g	32 g	10 g	412/1729

Zutaten
600 g kleine Champignons
100 g Speck
4 EL Öl
1/4 TL Cayennepfeffer
5 EL trockener Sherry
Salz
Pfeffer aus der Mühle
4 EL Orangensaft
Oreganoblätter

Sherrypilze mit Speck

Zubereitung

1 Champignons putzen. Speck in feine Streifen schneiden und in 1 EL heißem Öl knusprig braten, herausnehmen.

2 Restliches Öl in die Pfanne geben und Champignons ca. 3 Minuten unter Rühren bei mittlerer Hitze braten. Cayennepfeffer und Sherry einrühren und bei schwacher Hitze ca. 4 Minuten weiterdünsten.

3 Mit Salz und Pfeffer abschmecken. Speck und Orangensaft unterrühren. Sherrypilze ziehen lassen und mit Oregano bestreut servieren.

EW	F	KH	kcal/kJ
8 g	20 g	3 g	238/1000

TIPP
Die vielen verschiedenen Sherry-Varianten reichen von trocken bis süß. Unterscheiden lassen sie sich gut an der Farbe: je heller desto trockener, je dunkler desto süßer.

Zutaten
20 Stangen grüner Spargel
20 dünne Scheiben Serranoschinken
Mehl
2 Eier
Paniermehl
Olivenöl

Panierter Spargel

Zubereitung

1 Enden der Spargelstangen abschneiden und evtl. das untere Drittel der Stangen schälen. Wasser in einem breiten Topf mit Dämpfeinsatz erhitzen, Spargel in den Einsatz geben und bei geschlossenem Deckel 5 Minuten garen.

2 Herausnehmen und leicht abkühlen lassen. Je 1 Scheibe Schinken um jede Spargelstange wickeln. Mehl, Eier und Paniermehl getrennt auf Teller verteilen. Spargel nacheinander in Mehl, verquirlten Eiern und Paniermehl wenden. Dann 1 Stunde kalt stellen.

3 Öl in einem Topf oder einer Fritteuse auf 180 Grad

erhitzen, Spargelstangen hineingeben und einige Minuten goldgelb ausbacken. Herausnehmen und auf Küchenpapier abtropfen lassen. Heiß servieren.

EW	F	KH	kcal/kJ
40 g	37 g	48 g	684/2873

Gefüllte Peperoni

Zutaten
500 g rote Peperoni
Salz
125 g Butter
1 Ei
4 EL Paniermehl
50 g Hartkäse, gerieben
1 Bd. Petersilie
3 Zweige Rosmarin
Pfeffer

Zubereitung

1 Peperoni waschen, Stielansätze herausschneiden, Kerne mit einem Messer herauskratzen. Schoten in einem Topf mit kochendem Salzwasser 2–3 Minuten garen. Kalt abschrecken und abtropfen lassen.

2 Für die Füllung Butter, Ei, Paniermehl und geriebenen Käse in einer Schüssel verrühren. Kräuter waschen, trockenschütteln, Blätter bzw. Nadeln abzupfen und fein hacken. Unter die Buttermischung heben und mit Salz sowie Pfeffer kräftig würzen.

3 Kräutermischung in einen Spritzbeutel mit großer Tülle füllen und in die Peperoni spritzen. Gefüllte Peperoni ca. 10 Minuten auf den Grill legen, dabei einige Male wenden, sodass die Peperoni von allen Seiten braun werden.

EW	F	KH	kcal/kJ
10 g	31 g	24 g	413/1726

TIPP
Verwenden Sie für dieses Gericht 10 Monate alten Manchego.

Pikanter Bohnensalat

Zutaten
3 Knoblauchzehen
7 EL Olivenöl
4 EL Weißweinessig
2 Dosen weiße Bohnen (à 400 g)
150 g Chorizo (ersatzweise Hartwurst)
1 Zweig Rosmarin
1 TL Chili-Knoblauch-Gewürz
Salz, Pfeffer
1 TL Zucker
2 rote Zwiebeln
frische Kräuter zum Garnieren
frisches Brot

Zubereitung

1 Für das Dressing Knoblauch schälen, zerdrücken und mit 6 EL Öl und Essig verrühren. Bohnen gut abtropfen lassen.

2 Chorizo in Scheiben schneiden. Restliches Olivenöl in einer Pfanne erhitzen, Rosmarin kurz darin anbraten. Chorizo zufügen und mitbraten.

3 Bohnen, Chorizo und Dressing mischen, mit Chili-Knoblauch-Gewürz, Salz, Pfeffer und Zucker würzen und ca. 3 Stunden zugedeckt marinieren lassen.

4 Zwiebeln schälen, in Ringe schneiden und ca. 30 Minuten vor dem Servieren unter den Bohnensalat heben.

5 Bohnensalat nach Wunsch mit frischen Kräutern garnieren und mit frischem Brot servieren.

EW	F	KH	kcal/kJ
26 g	31 g	36 g	526/2207

Spanische Hackbällchen

Zutaten
1 Brötchen vom Vortag
200 ml lauwarme Milch
1 große Gemüsezwiebel
3 EL Öl
2 EL Mehl
200 ml Gemüsebrühe
1 große Dose geschälte Tomaten (850 ml)

Zubereitung

1 Brötchen in Milch einweichen, Zwiebel schälen und in feine Würfel schneiden.

2 1 EL Öl in einer Pfanne erhitzen, Hälfte der Zwiebelwürfel anbraten, Mehl darüberstäuben und mit Brühe, Tomaten und 50 ml Sherry ablöschen. Knob-

lauch schälen, dazupressen und ca. 15 Minuten köcheln lassen.

3 Brötchen gut ausdrücken, mit Hackfleisch, restlicher Zwiebel, Eiern und restlichem Sherry verkneten und mit Salz und Pfeffer würzen. Chilischoten halbieren, entkernen, waschen und sehr fein hacken. Gleichmäßig unter die Hackfleischmischung mengen.

4 Aus dem Teig kleine Bällchen formen. Restliches Öl in einer Pfanne erhitzen, Hackbällchen hineingeben und von allen Seiten braten.

5 Hackbällchen in die Sauce geben und weitere 5 Minuten schmoren lassen. Sherry-Tomaten-Sauce mit Salz, Pfeffer und Zucker abschmecken, mit den Hackbällchen anrichten und nach Wunsch mit glatter Petersilie garniert servieren.

EW	F	KH	kcal/kJ
39 g	28 g	22 g	525/2206

100 ml trockener Sherry
3 Knoblauchzehen
600 g gemischtes Hackfleisch
2 Eier
Salz
1/2–1 TL weißer Pfeffer, gemahlen
3 Chilischoten
1 Prise Zucker
glatte Petersilie zum Garnieren

Datteln im Speckmantel mit Kartoffeldip (für 6 Personen)

Zutaten
4 kleine Kartoffeln
2–3 Knoblauchzehen
5 EL Olivenöl
2 EL Zitronensaft
5 EL Gemüsebrühe
Salz, Pfeffer
15 Scheiben Frühstücksspeck
30 Datteln, getrocknet
Petersilie zum Garnieren

Zubereitung

1 Für den Kartoffeldip Kartoffeln waschen, in einen Topf geben und mit Schale ca. 20 Minuten garen.

2 Knoblauch schälen, zerdrücken. Kartoffeln abschütten, abschrecken, noch heiß pellen und mit dem Kartoffelstampfer zerdrücken. Mit Knoblauch, Olivenöl, Zitronensaft und Brühe verrühren, mit Salz und Pfeffer pikant abschmecken.

3 Für die Datteln den Frühstücksspeck der Länge nach halbieren. Datteln der Länge nach aufschlitzen, ohne sie auseinander zu schneiden, Kerne entfernen, Früchte mit jeweils 1/2 Scheibe Speck umwickeln und in einer Pfanne ohne Fett rundherum anbraten. Jeweils einen Zahnstocher in die Datteln stecken und mit Kartoffeldip anrichten.

4 Nach Wunsch mit Petersilie garniert servieren.

EW	F	KH	kcal/kJ
8 g	21 g	22 g	312/1307

TIPP
Ebenso lecker sind frische halbierte Feigen, die man mit je 1 Salbeiblatt in 1 Scheibe Speck wickelt und knusprig anbrät.

Gegrillte Hähnchenflügel mit Honig und Salat

Zutaten
2 Knoblauchzehen
2 Frühlingszwiebeln
1 Orange (unbehandelt)
1 TL Ingwer, gerieben
60 ml helle Sojasauce
1 EL Honig
ca. 500 g Hähnchenflügel
500 g Tomaten
1 kleine Dose Mais
1 kleine Zwiebel
2 EL Majonäse
200 g Jogurt
Salz
Pfeffer
Zucker
2 EL Walnusskerne, gehackt

Zubereitung

1 Knoblauchzehen schälen und zerdrücken. Frühlingszwiebeln putzen, waschen und in feine Ringe schneiden. Orange waschen, abtrocknen, die Schale abreiben. Saft auspressen. Knoblauch, Frühlingszwiebelringe, Ingwer, Orangenschale und -saft mit Sojasauce und Honig verrühren.

2 Hähnchenflügel nebeneinander in eine flache Schale legen und mit der Marinade bestreichen. Abdecken, kalt stellen und ca. 2 Stunden marinieren. Hähnchenflügel aus der Marinade nehmen und abtupfen. Marinade aufheben. Die Hähnchenflügel auf dem Grill ca. 8 Minuten grillen, dabei mehrmals wenden. Zwischendurch mit der restlichen Marinade bepinseln.

3 Für den Salat Tomaten waschen, in Achtel schneiden. Mais abgießen, abtropfen lassen. Tomaten und Mais mischen. Zwiebel schälen und in feine Ringe schneiden. Majonäse, Jogurt, Salz, Pfeffer und etwas Zucker verrühren und kurz vor dem Servieren über den Salat geben.

4 Mit Zwiebelringen und Walnusskernen bestreuen.

EW	F	KH	kcal/kJ
29 g	32 g	18 g	474/1991

Zutaten

2 Brötchen vom Vortag
1 Zwiebel
80 g geräucherter Speck
1 Ei, 2 EL Butter
500 g Rinderhackfleisch
1 TL Senf
2 TL Majoran, gehackt
Salz
Pfeffer aus der Mühle
600 g Pellkartoffeln, am Vortag gekocht
50 g Mehl
Muskatnuss, gerieben
Mehl für die Arbeitsfläche
Öl zum Braten
grüne und schwarze Oliven zum Garnieren

Kartoffel-Hackfleisch-Taler

(für 6 Personen)

Zubereitung

1 Brötchen in lauwarmem Wasser einweichen. Zwiebel und Räucherspeck würfeln. Ei trennen. Butter in einer Pfanne erhitzen. Zwiebel und 50 g Räucherspeck darin anbraten.

2 Brötchen gut ausdrücken und mit Hackfleisch sowie Zwiebel-Speck-Mischung vermengen. Mit Senf, Majoran, Salz und Pfeffer würzen, gut verkneten und 2 Rollen von je 2 1/2 cm Durchmesser und 20 cm Länge formen.

3 Kartoffeln pellen, durchpressen und mit Mehl, restlichem Speck und Eigelb zu einem glatten Teig verkneten. Mit Salz und Muskat würzen.

4 Kartoffelteig auf bemehlter Arbeitsfläche zu 2 Rechtecken von ca. 7 cm Breite und 20 cm Länge ausrollen und mit Eiweiß bepinseln. Hackfleischrollen darauflegen und mit dem Kartoffelteig umhüllen. Dabei Ränder gut festdrücken.

5 Öl erhitzen und die Teigrollen darin rundherum goldbraun anbraten.

6 Im heißen Ofen bei 200 Grad in ca. 15 Minuten fertig garen. Dabei immer wieder mit dem Bratfett bestreichen.

7 Rollen abkühlen lassen und in 1 cm dicke Scheiben schneiden. Auf einer Platte anrichten und mit Oliven und bunten Spießchen garnieren.

EW	F	KH	kcal/kJ
24 g	17 g	29 g	361/1512

TIPP

Wer nicht viel Zeit zum Vorbereiten hat, der kann den Kartoffelteig problemlos durch TK-Blätterteig ersetzen. Das geht schneller und schmeckt genauso gut.

Zutaten
800 g kleine weiße Zwiebeln
1/8 l Olivenöl
3 EL brauner Zucker
Salz
bunter Pfeffer
150 ml trockener Rotwein
100 ml Weißweinessig
Kräuter zum Garnieren
Brot als Beilage

Rotweinzwiebeln (Abb. links)

Zubereitung

1 Reichlich Wasser zum Kochen bringen. Topf vom Herd nehmen und Zwiebeln ca. 30 Sekunden im nicht mehr kochenden Wasser blanchieren. Zwiebeln abtropfen lassen und schälen.

2 Olivenöl erhitzen, Zwiebeln, Zucker, Salz und Pfeffer zugeben und unter Rühren vorsichtig 3–4 Minuten anbraten. Rotwein und Essig angießen und alles ca. 3 Minuten bei geringer Hitze weitergaren.

3 Rotweinzwiebeln als Vorspeise nach Wunsch mit Kräutern garnieren und mit Brot servieren.

EW	F	KH	kcal/kJ
3 g	44 g	18 g	367/1535

Zutaten
20 Grünschalenmuscheln in halber Schale (tiefgekühlt)
2 Zwiebeln
2 Knoblauchzehen
2 Tomaten
6 EL Olivenöl
1 Zweig frischer Thymian, gehackt
2 EL Petersilie, gehackt
Salz, Pfeffer
etwas Chilipulver
4 EL Manchego, gerieben

Gratinierte Muscheln (Abb. rechts)

Zubereitung

1 Muscheln in ein Sieb geben und auftauen lassen. Nebeneinander auf ein Backblech legen.

2 Zwiebeln und Knoblauch schälen. Zwiebeln fein würfeln, Knoblauch zerdrücken. Tomaten waschen, vierteln, entkernen und in feine Würfel schneiden. 4 EL Olivenöl in einer Pfanne erhitzen, Zwiebeln und Knoblauch kurz darin andünsten. Tomatenwürfel und Kräuter zufügen, kurz andünsten und mit Salz, Pfeffer und Chili würzen.

3 Ofen auf 200 Grad vorheizen. Muscheln jeweils mit einem Teil der Masse be-

decken. Mit restlichem Olivenöl beträufeln, mit Manchego bestreuen und ca. 15 Minuten gratinieren.

4 Die Muscheln heiß, nach Wunsch mit Thymian garniert, servieren.

EW	F	KH	kcal/kJ
6 g	18 g	3 g	76/319

Entenpralinen

Zutaten
2 Zwiebeln
1/2 Bd. Suppengrün
1 Knoblauchzehe
2 Entenkeulen (ca. 700 g)
1 TL Butterschmalz
1 TL Salz
400 ml Rotwein
150 ml Portwein
150 g geschälte Tomaten (Dose)
1 Lorbeerblatt
1 Zweig Rosmarin
6 Pfefferkörner
2 Pimentkörner
Pfeffer
125 g Butter
75 g Haselnüsse, grob gehackt
Butterschmalz zum Frittieren

Zubereitung

1 Zwiebeln schälen, Suppengrün putzen, waschen. Knoblauch schälen und alles in Würfel schneiden. Entenkeulen unter fließendem kaltem Wasser waschen, trockentupfen und im heißen Butterschmalz kräftig anbraten. Gemüse zugeben, kurz mitrösten und mit Salz abschmecken.

2 Wein, Tomaten, Kräuter und Gewürze zufügen. Zugedeckt ca. 90 Minuten garen. Entenkeulen herausnehmen, Fleisch von den Knochen lösen und klein schneiden.

3 Bratensud durchpassieren, dabei entfetten. Fleisch wieder zugeben und zugedeckt ca. 30 Minuten kochen, bis es zerfällt. Deckel abnehmen und so lange weiterkochen, bis alle Flüssigkeit verdampft ist. Masse abkühlen lassen, weiche Butter unterrühren.

4 Mit Salz und Pfeffer würzen. Aus der Masse 12 Kugeln formen, in Nüssen wälzen. Kalt stellen. Im heißen Butterschmalz ca. 1/2 Minute frittieren. Warm servieren.

EW	F	KH	kcal/kJ
6 g	25 g	1 g	265/1110

TIPP

Portwein kommt zwar nicht aus Spanien, sondern aus dem Nachbarland Portugal, doch ist er wie der Sherry aus der spanischen Küche nicht mehr wegzudenken.

Ofenkartoffeln mit Hack

(für 6–8 Personen)

Zutaten

Für die Mandelkartoffeln:
40 g Mandeln, gehackt
Salz
Fett für das Backblech
800 g mittelgroße fest kochende Kartoffeln
2 EL Öl

Für die Hackbällchen:
3 Frühlingszwiebeln
1 Knoblauchzehe
1 rote Chilischote
400 g Rinderhackfleisch
30 g Paniermehl
1 TL Paprikapulver edelsüß
Salz
Pfeffer

Für die Tomatensalsa:
250 g Tomaten
1 kleine gelbe Paprikaschote (ca. 120 g)
2 EL Zitronensaft
1 EL abgeriebene Zitronenschale (unbehandelt)
Salz
Pfeffer
1 Knoblauchzehe

TIPP

So lässt sich eine Chilischote ganz einfach entkernen: Erst längs halbieren, dann Kerne und Trennwände mit einem Teelöffel herausschaben.

Zubereitung

1 Mandeln und 1 TL Salz auf ein leicht gefettetes Backblech streuen. Kartoffeln waschen und längs halbieren. Kartoffeln mit dem Öl mischen, mit der Schnittfläche auf die Mandeln setzen und im heißen Backofen bei 180 Grad 30 Minuten backen.

2 Frühlingszwiebeln putzen, waschen, das Grüne in feine Ringe, das Weiße in Würfel schneiden. Knoblauch durchpressen. Chili entkernen und fein würfeln.

3 Hackfleisch mit Paniermehl, Frühlingszwiebelwürfeln, Knoblauch, Chili, Paprikapulver, Salz und Pfeffer zu einem glatten Teig verkneten. 16 Bällchen formen und zwischen die Kartoffeln setzen. Bei 220 Grad weitere 15 Minuten backen.

4 Tomaten und Paprika putzen, waschen und würfeln. Zitronensaft, -schale, Salz und Pfeffer verrühren. Knoblauch dazupressen. Tomaten, Paprika und Frühlingszwiebelringe unterheben. Mit Kartoffeln und Hackbällchen servieren.

EW	F	KH	kcal/kJ
18 g	17 g	29 g	338/1414

Spargeltortilla

Zubereitung

1 Kartoffeln waschen und mit der Schale kochen.

2 Unterdessen Spargel schälen, holzige Enden entfernen und Stangen schräg in 5 cm lange Stücke schneiden. Schafskäse in kleine Würfel schneiden.

3 Petersilie waschen, trockenschütteln und hacken. Wurzeln und welke Blätter von den Frühlingszwiebeln entfernen, in Ringe schneiden. Knoblauchzehe schälen, ebenfalls hacken. Kartoffeln abgießen, pellen und in Scheiben schneiden.

4 Ofen auf 220 Grad vorheizen. Spargel und Kartoffeln separat in 2 großen beschichteten Pfannen in Olivenöl braten, Spargel bei geringer Hitze ca. 12 Minuten, Kartoffeln bei mittlerer Hitze ca. 10 Minuten. Spargel und Kartoffeln mischen und in einer großen Pfanne verteilen. Knoblauch und Frühlingszwiebeln dazugeben.

5 Eier aufschlagen, verquirlen und mit Salz, Pfeffer und Kreuzkümmel würzen. Petersilie und Käse unter die Spargel-Kartoffeln mischen, ebenfalls würzen und Eier darübergießen. Tortilla auf der mittleren Schiene in den Ofen schieben und 15 Minuten goldbraun backen.

6 Fertige Tortilla auf ein Schneidebrett gleiten lassen, etwas abkühlen lassen und in Stücke schneiden. Nach Wunsch mit Minze garnieren.

EW	F	KH	kcal/kJ
21 g	20 g	19 g	340/1428

Zutaten

300 g fest kochende Kartoffeln
400 g weißer Spargel
160 g Schafskäse
1/2 Bd. Petersilie
1/2 Bd. Frühlingszwiebeln
1 Knoblauchzehe
2 EL Olivenöl
5 Eier
Salz
Pfeffer
Kreuzkümmel
Minze zum Garnieren

Scharfe Knoblauchgarnelen

Zutaten
1 Limette (unbehandelt)
1 Eigelb
1 TL Senf
1/2 TL Salz
230 ml Olivenöl (z. B. von Bertolli)
Pfeffer
Zucker nach Belieben
2 Knoblauchzehen
2 kleine rote Chilischoten
1/2 Bd. glatte Petersilie
500 g rohe Riesengarnelen ohne Kopf und Schale

Zubereitung

1 Für die Majonäse Limette heiß waschen, Schale abreiben, Saft auspressen. Zimmerwarmes Eigelb, Senf, Salz und 1 EL Limettensaft mit einem Schneebesen verrühren. 200 ml Olivenöl anfangs tröpfchenweise unter ständigem Rühren unterschlagen. Limettenmajonäse mit Pfeffer, Limettensaft sowie -schale und evtl. Zucker abschmecken.

2 Für die Garnelen Knoblauch schälen, in dünne Scheiben schneiden. Chilischoten halbieren, entkernen, fein hacken. Petersilie waschen, trockentupfen und fein hacken.

3 Garnelen unter fließendem kaltem Wasser waschen und trockentupfen, in 2 EL heißem Olivenöl 2 Minuten anbraten. Knoblauch, Chili und Petersilie zugeben, kurz mitbraten, mit Limettensaft begießen. Garnelen mit Salz, Pfeffer und Limettensaft abschmecken, zur Limettenmajonäse servieren.

EW	F	KH	kcal/kJ
27 g	64 g	3 g	688/2890

TIPP

Besonders lecker sind auch in Sherryteig ausgebackene Garnelen. Für den Teig 150 g Mehl, 100 ml trockenen Sherry und 2 Eier verrühren. Salzen und pfeffern. Garnelen durch den Teig ziehen und in Öl ausbacken.

Tintenfische gebraten

Zutaten
650 g kleine küchenfertige Tintenfische
1/2 TL Chiliflocken
3–4 EL Öl
2 Knoblauchzehen

Zubereitung

1 Tintenfische waschen, trockentupfen, evtl. in Streifen schneiden. Chiliflocken einige Minuten im Öl erhitzen. Hitze reduzieren, Tintenfische dazugeben und unter Wenden 1 Minute dünsten.

2 Knoblauch schälen, fein hacken. Petersilie waschen, trockenschütteln und fein hacken. Beides zum Tintenfisch geben, mit Salz, Pfeffer, Zitronensaft abschmecken.

EW	F	KH	kcal/kJ
26 g	14 g	6 g	256/1075

1/2 Bd. glatte Petersilie
Salz, Pfeffer
Zitronensaft

Empanadas (für 16 Stück)

Zutaten
500 g TK-Blätterteig
400 g mehlig kochende Pellkartoffeln, gekocht
100 g Manchego, fein gerieben
1 Ei
4 EL frische Kräuter (z. B. Dill, Petersilie, Minze oder Basilikum), fein gehackt
2 Frühlingszwiebeln, in feine Ringe geschnitten
1 Prise Muskat
Pfeffer
Salz
Butter für das Blech
1 Eigelb

Zubereitung
1 Blätterteig laut Packungsanweisung antauen lassen.
2 Kartoffeln pellen, durchpressen, mit Manchego, Ei, Kräutern und Frühlingszwiebeln vermischen. Anschließend Masse mit Muskat, Pfeffer und Salz pikant abschmecken.
3 Backblech mit Butter ausstreichen. Blätterteig dünn ausrollen und in Quadrate von 10 cm Seitenlänge schneiden. Je 1 EL Füllung in die Mitte der Quadrate geben, zu Dreiecken zusammenklappen und am Rand festdrücken.
4 Eigelb verquirlen und Teigtaschen damit bestreichen. Pastetchen auf das Backblech setzen und im vorgeheizten Ofen bei 200 Grad ca. 20 Minuten backen.

EW	F	KH	kcal/kJ
5 g	12 g	15 g	190/792

TIPP
Statt Manchego kann man auch fein zerbröselten Schafskäse und fein gehackten Knoblauch in die Füllung geben. Pikant wird das Ganze durch 1 Prise Chili.

Zutaten
250 g Tempuramix
Pflanzenöl zum Frittieren
300 g grüne Oliven, entsteint
75 g Mandeln, gestiftelt
60 g Mandeln, gemahlen
Limettenscheiben zum Garnieren

TIPP
Das Mandeltempura eignet sich auch zum Ausbacken von kleinen Champignons oder Brokkoliröschen. Je kälter der Teig ist, wenn er ins heiße Fett kommt, desto knuspriger wird die Teighülle.

Oliven im Mandelmantel

Zubereitung

1 Tempuramix mit 400 ml eiskaltem Wasser anrühren und kühl stellen. Öl erhitzen.

2 Oliven mit den Mandelstiften füllen. Die gemahlenen Mandeln unter den Tempurateig rühren.

3 Oliven mit einem Holzspieß einzeln durch den Teig ziehen und im heißen Fett goldbraun ausbacken. Auf 2 Lagen Küchenpapier abtropfen lassen.

4 Oliven in kleinen Schälchen anrichten, mit Limettenscheiben garnieren und heiß servieren.

EW	F	KH	kcal/kJ
5 g	33 g	9 g	345/1443

Zutaten
165 g getrocknete Kichererbsen
1 Lorbeerblatt
4 Nelken
1 Zimtstange
1 l Hühnerbrühe
2 EL Olivenöl
1 Zwiebel
1 Knoblauchzehe
1 Prise gerebelter Thymian

Kichererbsen mit Chorizo

(für 6 Personen)

Zubereitung

1 Kichererbsen in eine Schüssel geben, mit reichlich Wasser bedecken und über Nacht einweichen. Abgießen, abtropfen lassen.

2 Kichererbsen in einen großen Topf füllen, Gewürze dazugeben, Brühe angießen und zusätzlich mit reichlich Wasser bedecken. Das Ganze zum Kochen bringen, Hitze reduzieren und ca. 1 Stunde köcheln lassen, bis

die Erbsen weich sind. Abseihen und Gewürze entfernen.
3 Öl in einer Pfanne erhitzen. Zwiebel und Knoblauch schälen. Zwiebel fein hacken und bei mittlerer Hitze 3 Minuten glasig braten. Knoblauch durchpressen, mit Thymian dazugeben und unter Rühren 1 Minute kochen. Temperatur erhöhen, Chorizo in Stücke schneiden, unterrühren und 3 Minuten mitbraten.
4 Kichererbsen in die Pfanne geben, vermengen und bei mittlerer Hitze unter ständigem Rühren erwärmen. Vom Herd nehmen, Petersilie einrühren und alles mit Salz und Pfeffer abschmecken.

EW	F	KH	kcal/kJ
28 g	33 g	16 g	476/1999

375 g Chorizo
1 EL frische glatte Petersilie, gehackt
Salz
Pfeffer, frisch gemahlen

Gefüllte Pflaumen in Weinteig

Zubereitung
1 Jeweils 1 Peperoni durch 1 Pflaume stecken.
2 Mehl in eine kleine Schüssel geben und langsam den Weißwein einrühren, bis ein dickflüssiger Teig entsteht. Mit Salz und Pfeffer abschmecken.
3 Gefüllte Pflaumen einzeln in den Teig tauchen, überschüssigen Teig abtropfen lassen und in Butterschmalz schwimmend ausbacken. Zum Servieren die Pflaumen auf Zahnstocher stecken.

EW	F	KH	kcal/kJ
3 g	10 g	28 g	236/986

Zutaten
10 mittelscharfe Peperoni
10 große getrocknete Pflaumen, entsteint
200 g Mehl
200 ml trockener Weißwein
Salz
Pfeffer
300 g Butterschmalz

Nachos mit scharfer Sauce

Zutaten
400 g Nachos
150 g Manchego, gerieben
1 Zwiebel
2 Knoblauchzehen
1 grüne Paprikaschote
1 EL Butter
300 g Rinderhackfleisch
2 getrocknete Chilischoten
1 große Dose geschälte Tomaten
Salz
schwarzer Pfeffer aus der Mühle
Tabasco

Zubereitung

1 Nachos mit Käse bestreuen und im vorgeheizten Backofen bei 200 Grad überbacken, bis der Käse geschmolzen ist.

2 Inzwischen Zwiebel und Knoblauchzehen schälen und fein hacken. Paprika waschen, halbieren, entkernen und würfeln.

3 Butter in einer Pfanne erhitzen, Zwiebel, Knoblauch, Paprika und Hackfleisch darin anbraten. Chilischoten dazugeben und Tomaten mit Saft einrühren. Große Tomatenstücke mit der Gabel etwas zerdrücken. Sauce 10 Minuten köcheln lassen.

4 Chilischoten aus der eingekochten Sauce entfernen und mit Salz, Pfeffer und Tabasco pikant abschmecken.

5 Nachos mit Sauce auf kleinen Tellern anrichten.

EW	F	KH	kcal/kJ
23 g	38 g	52 g	661/2763

Patatas bravas (für 12 Personen)

Zutaten
1 kg kleine rote Kartoffeln
Olivenöl, Salz
1 Zwiebel
2 Knoblauchzehen
500 g Tomaten
50 ml Weißwein
1 EL Tomatenmark
1 Lorbeerblatt
1 Prise Zucker
Tabasco, Chili
Thymian
Pfeffer
Rotweinessig

TIPP
Dieses Rezept ist sehr typisch und darf auf keinen Fall auf einer Tapasplatte fehlen.

Zubereitung

1 Backofen auf 200 Grad vorheizen.

2 Kartoffeln gründlich waschen, mit Schale längs in Viertel schneiden und mit etwas Öl und Salz in einer Schüssel mischen. Kartoffeln auf einem Blech verteilen und ca. 45 Minuten knusprig braun backen.

3 Für die Sauce Zwiebel und Knoblauch schälen und fein hacken. Etwas Öl in einer Pfanne erhitzen, Zwiebel und Knoblauch hineingeben und glasig dünsten.

4 Tomaten waschen, halbieren, Stielansätze und Kerne entfernen, Fruchtfleisch in Würfel schneiden. Tomatenwürfel mit Weißwein, Tomatenmark und Gewürzen in die Pfanne geben und bei kleiner Hitze 20 Minuten köcheln lassen. Evtl. Wasser angießen.

5 Sauce auskühlen lassen, Lorbeerblatt entfernen und die Sauce mit einem Schneidstab pürieren. Mit Pfeffer und Essig abschmecken.

6 Kartoffeln mit der Sauce servieren.

EW	F	KH	kcal/kJ
2 g	1 g	10 g	60/253

Mezze & Mezethakia

Zutaten
400 g Schafskäse
3 EL Olivenöl
4 Tomaten
1 Schalotte
8 schwarze Oliven, entsteint
4 eingelegte rote Peperoni
1 Prise Oregano
Salz, Pfeffer aus der Mühle

Gebackener Schafskäse (Abb. S. 51)

Zubereitung

1 Schafskäse in 4 gleich große Stücke schneiden und jeweils auf ein großes Stück Alufolie legen. Mit etwas Olivenöl beträufeln. Tomaten waschen, Stielansätze entfernen, in dünne Scheiben schneiden und auf dem Käse verteilen.

2 Schalotte schälen, in dünne Ringe schneiden und auf die Tomaten geben. Oliven halbieren und je 4 Olivenhälften und 1 eingelegte Peperoni auf je 1 Käsestück legen. Mit Oregano, Salz und Pfeffer würzen und mit restlichem Öl beträufeln.

3 Alufolie über den Käsestücken zusammenfassen, gut verschließen, auf ein Backblech legen und im vorgeheizten Backofen bei 200 Grad ca. 15 Minuten backen. In der Folie servieren.

EW	F	KH	kcal/kJ
18 g	0 g	3 g	350/1470

Zutaten
500 g Spinat
1 EL Olivenöl
4 Knoblauchzehen
200 g Schalotten
75 g Feta, 1 Ei
3 EL frische glatte Petersilie, gehackt
1/4 TL abgeriebene Zitronenschale (unbehandelt)
1/4 TL Paprikapulver
1 Prise Muskat, Salz
Pfeffer, 125 g Butter
6 Blätter Filoteig
Öl zum Frittieren

TIPP
In der Türkei sind diese köstlichen Teigröllchen auch als »Sigara Boreqi« bekannt.

Frittierte Teigröllchen (für 12 Stück)

Zubereitung

1 Spinat waschen, tropfnass bei geringer Hitze abgedeckt garen. Abgießen und evtl. leicht ausdrücken.

2 Öl erhitzen. Knoblauch und Schalotten schälen. Den Knoblauch zerdrücken, Schalotten fein hacken und beides im Öl weich dünsten.

3 Feta zerbröckeln, Ei leicht verquirlen. Mit Schalotten, Knoblauch, Petersilie, Spinat und Zitronenschale vermischen und mit Gewürzen kräftig abschmecken.

4 Butter zerlassen. Teig bis auf 1 Blatt mit einem feuchten Tuch bedecken. Teigblatt mit Butter bestreichen, längs zu einem 32 x 12 cm großen Rechteck falten.

5 Halbieren, mit Butter bestreichen und je 1 geh. EL Spinat-Käse-Füllung entlang der Schmalseite verteilen. Rand sowie Längsseiten über die Füllung schlagen, mit Butter bestreichen und fest aufrollen.

6 Erneut mit Butter bestreichen, Rand fest andrücken und mit einem feuchten Tuch bedecken. Restliche Teigblätter ebenso verarbeiten.

7 Öl erhitzen, Röllchen darin goldgelb frittieren und abtropfen lassen.

EW	F	KH	kcal/kJ
4 g	21 g	8 g	232/974

Falafel

Zubereitung

1 Bohnen und Kichererbsen jeweils in eine Schüssel geben, mit kaltem Wasser bedecken und 6–8 Stunden einweichen. Abgießen und gut abtropfen lassen.

2 Frühlingszwiebeln putzen und waschen, Knoblauch schälen, Chili waschen, halbieren, Kerne entfernen. Petersilie und Koriander waschen, trockenschütteln.

3 Alles fein hacken und mit den Hülsenfrüchten portionsweise in der Küchenmaschine zerkleinern. Mit Gewürzen abschmecken und 1 Stunde bei Zimmertemperatur abgedeckt ziehen lassen.

4 Natron zur Bohnenmasse geben, gut untermischen und mit angefeuchteten Händen Teig portionsweise zu Rollen von ca. 6 cm Länge und 2 cm Durchmesser formen.

5 Kokosfett in einer tiefen Pfanne erhitzen. Falafel in Portionen hineingeben und unter Wenden goldbraun frittieren. Herausnehmen und auf Küchenpapier abtropfen lassen.

EW	F	KH	kcal/kJ
7 g	10 g	19 g	197/327

Zutaten

175 g Favabohnen
85 g Kichererbsen
2 Frühlingszwiebeln
2–3 Knoblauchzehen
1–2 rote Chilischoten
1 Bd. glatte Petersilie
1/2 Bd. Koriander
1 3/4 TL Salz
1/4 TL schwarzer Pfeffer, zerstoßen
2 TL Kreuzkümmel, gemahlen
1 TL Koriander, gemahlen
1/2 TL Natron
Kokosfett zum Frittieren

Zutaten
400 g eingelegte Weinblätter
150 g Reis
2 kleine Zwiebeln
4 EL Olivenöl
je 1 Bd. Minze, Petersilie und Dill
2 EL Pinienkerne
Salz
Pfeffer
Saft von 2 Zitronen
Pitabrot als Beilage
(Rezept s. S. 60)

Gefüllte Weinblätter (für ca. 34 Stück)

TIPP
Weinblätter kann man zwar selber konservieren, doch ist dies sehr arbeitsaufwändig. Greifen Sie lieber zu den in Gläsern oder Dosen eingelegten Weinblättern, die bereits in jedem gut sortierten Supermarkt erhältlich sind. Übrigens wird diese leckere Vorspeise bei den Griechen als »Dolmadakia« bezeichnet.

Zubereitung

1 Weinblätter waschen und kurz mit kochendem Wasser überbrühen.

2 Reis waschen. Zwiebeln schälen und würfeln. 2 EL Olivenöl erhitzen. Zwiebeln darin glasig dünsten. Reis hinzufügen, im Öl wenden. Mit 300 ml Wasser aufgießen, bei schwacher Hitze zugedeckt ca. 10 Minuten quellen lassen.

3 Kräuter waschen, Blättchen abzupfen und fein hacken. Mit Pinienkernen unter den halbgaren Reis mischen. Mit Salz, Pfeffer und etwas Zitronensaft abschmecken.

4 Weinblätter mit der glatten Seite nach oben auf eine Arbeitsfläche legen. Bei kleinen Weinblättern immer 2 zusammenlegen. In die Mitte der Blätter je 1 geh. TL Reisfüllung geben. Kuvertartig zusammenfalten, aufrollen und evtl. mit Küchengarn umwickeln. Blätterpäckchen dicht neben- und übereinander in einen Topf legen.

5 Restliches Olivenöl, 1/2 l Wasser, Salz und restlichen Zitronensaft mischen. Weinblätter damit übergießen – sie sollen von der Flüssigkeit bedeckt sein. Topf verschließen, zum Kochen bringen und bei schwacher Hitze ca. 45 Minuten garen, bis sämtliche Flüssigkeit aufgesogen ist. Am besten über Nacht durchziehen lassen. Mit Jogurt-Knoblauch-Sauce und Pitabrot servieren.

EW	F	KH	kcal/kJ
6 g	14 g	31 g	31/137

Gebratene Auberginen mit Gewürzjogurt

Zubereitung

1 Auberginen waschen, putzen und in ca. 1 cm dicke Scheiben schneiden. Tomaten kreuzweise einritzen, überbrühen, abschrecken, häuten, entkernen und das Fruchtfleisch in feine Würfel schneiden. Zwiebel schälen und fein würfeln.

2 2 EL Olivenöl in einer Pfanne erhitzen, Zwiebelwürfel darin andünsten. Tomatensaft, -würfel, Knoblauch-Würzpaste, Nelken, Cayennepfeffer, Zimtstangen, Kumin, Johannisbeeren und Minze einrühren und bei mittlerer Hitze ca. 10 Minuten garen. Zimtstangen und Nelken entfernen, Sauce mit Salz und Pfeffer abschmecken.

3 Auberginenscheiben in restlichem Öl von beiden Seiten anbraten, zur Tomatenmischung geben und nochmals mit den Gewürzen pikant abschmecken.

4 Jogurt, Kumin und Koriander verrühren, mit Salz und Pfeffer abschmecken und zu den Auberginen servieren. Nach Wunsch mit Zimtstangen, frischen Kräutern und Kumin garnieren.

EW	F	KH	kcal/kJ
7 g	23 g	15 g	303/1275

Zutaten

3 Auberginen
6 große Eiertomaten
1 Zwiebel
ca. 80 ml Olivenöl
1/8 l Tomatensaft
1–2 TL Knoblauch-Würzpaste (z. B. von Fuchs)
1/2 TL ganze Nelken
2 Msp. Cayennepfeffer
2 Zimtstangen
1/4–1/2 TL Kumin, gemahlen
3 EL Johannisbeeren
2 EL Minzblättchen gehackt, Salz
3 Msp. schwarzer Pfeffer
300 g Jogurt
1 Msp. Koriander, gemahlen
Zimtstangen, frische Kräuter und Kumin zum Garnieren

TIPP

Das Gewürz Kumin dürfte vielen auch besser bekannt sein unter dem Namen »Kreuzkümmel«. Das scharfe, pfeffrige Aroma ist aus der Küche der Mittelmeerländer nicht mehr wegzudenken.

Eingelegter Blumenkohl

Zutaten
1/2 l Weißweinessig
1 EL gelbe Senfkörner
1/2 TL Kreuzkümmelsamen
3 Lorbeerblätter
180 g Zucker
400 g Blumenkohl

Zubereitung

1 Essig, Senfkörner, Kreuzkümmel, Lorbeerblätter und Zucker in einen Topf geben, langsam erhitzen und rühren, bis sich der Zucker aufgelöst hat. Das Ganze zum Kochen bringen, Hitze etwas reduzieren.

2 In der Zwischenzeit Blumenkohl putzen, waschen und in Röschen teilen. Blumenkohl in die aufgekochte Essigmischung geben und ca. 4 Minuten bissfest garen. Vom Herd nehmen und in der Flüssigkeit abkühlen lassen.

EW	F	KH	kcal/kJ
6 g	9 g	49 g	318/1336

Scharfe Auberginenröllchen

Zutaten
2 Auberginen (ca. 600 g)
ca. 100 ml Olivenöl
Salz, Pfeffer
200 g Schafskäse
150 g Frischkäse Paprika-Peperoni (z. B. von Brunch)
100 g getrocknete, in Öl eingelegte Tomaten, abgetropft
1–2 Stängel Pfefferminze

Zubereitung

1 Auberginen waschen, putzen, der Länge nach in 1 cm dünne Scheiben schneiden. Im heißen Öl von beiden Seiten braten, auf Küchenpapier legen und gut abtropfen lassen. Mit Salz und Pfeffer würzen.

2 Schafskäse in gleich große Blöcke schneiden.

3 Auberginenscheiben mit Frischkäse bestreichen. Mit Schafskäse, Tomaten und jeweils 1–2 Pfefferminzblättchen belegen und aufrollen.

4 Mit Zahnstochern oder Holzspießen fixieren.

EW	F	KH	kcal/kJ
12 g	52 g	5 g	530/2226

TIPP

Reiben Sie die Auberginenscheiben vor dem Anbraten kräftig mit Salz ein und lassen Sie sie ca. 30 Minuten ziehen. Sie geben dabei Wasser ab, sodass beim Anbraten weniger Flüssigkeit austreten kann.

Couscous-Salat (für 6 Personen)

Zubereitung

1 Möhren putzen, schälen und in Scheiben schneiden. Zucchini waschen und in 2 cm dicke Scheiben schneiden. Auberginen ebenfalls waschen, vierteln und in Scheiben schneiden. Zwiebeln sowie Knoblauch schälen und fein hacken.

2 Gemüse kräftig mit Salz würzen und 15 Minuten ruhen lassen. Gemüsebrühe mit Safran und Cayennepfeffer aufkochen. Petersilie sowie Minze waschen, Blättchen von den Stängeln zupfen und fein hacken.

3 3 EL Salatöl in einem Topf erhitzen. Gemüse trockentupfen und portionsweise im heißen Öl kräftig anbraten. Aus dem Topf nehmen, Knoblauch, Zwiebeln und Zimtstangen ca. 1 Minute im heißen Öl braten. Couscous dazugeben und unter Rühren kurz rösten.

4 Gemüsebrühe, Gemüse und Rosinen in den Couscous geben und den Topf mit einem Deckel verschließen. Hitze reduzieren und den Couscous in 15 Minuten bei mittlerer Hitze garen.

5 Jogurt mit gehackter Minze, Salz, Zimt und Paprikapulver verrühren. Couscous mit einem Holzlöffel vorsichtig umrühren, restliches Salatöl und gehackte Petersilie unterrühren und anrichten. Dazu die Jogurtsauce servieren.

EW	F	KH	kcal/kJ
8 g	32 g	14 g	285/1198

Zutaten

400 g Möhren
350 g Zucchini
400 g Auberginen
100 g Zwiebeln
3 Knoblauchzehen
Salz
1/2 l Gemüsebrühe
2 Döschen Safranfäden
(oder 1 TL Kurkuma)
1 TL Cayennepfeffer
1 Bd. glatte Petersilie
1 Bd. Minze
5 EL Salatöl
2 Stangen Zimt
350 g Couscous
80 g Rosinen
200 g Jogurt
1 TL Zimt
2 TL Paprikapulver
edelsüß

Zutaten
Für die Hackfleischbällchen:
500 g Hackfleisch
5 EL Teriyaki
1 Stück Ingwer
3 Sardellenfilets
1 EL Kapern
2 EL Paniermehl
Kreuzkümmel, gemahlen
Für den Minzedip:
80 g Crème fraîche
100 g Jogurt
Salz
2 Stängel frische Minze

Zweierlei Bällchen mit Minzedip

TIPP
Grüne Minze stammt aus dem Mittelmeerraum und ist die in der Küche am häufigsten verwendete Minzeart. Seit dem Altertum ist sie eine wichtige Zutat in allen Ländern der Levante und des Mittleren Ostens.

Zubereitung

1 Hackfleisch mit Teriyaki verkneten und in 2 Portionen teilen. Ingwer schälen und reiben, Sardellenfilets und Kapern hacken.

2 Paniermehl in 2–3 EL Wasser einweichen. Eine Hälfte des Hackfleischs mit Ingwer verkneten und mit Kreuzkümmel würzen. Die Hälfte des eingeweichten Paniermehls unterkneten. Die zweite Hälfte des Hackfleisches mit Sardellenfilets, Kapern und restlichem Paniermehl verkneten.

3 Aus dem Teig kleine Klößchen formen und auf ein mit Backpapier belegtes Backblech setzen. Bällchen im vorgeheizten Backofen bei 200 Grad 20 Minuten garen, bis sie leicht gebräunt sind.

4 Für den Dip Crème fraîche und Jogurt cremig rühren und mit Salz abschmecken. Minze waschen und trockenschütteln. Blättchen fein hacken und unterrühren.

5 Den Dip zu den Hackfleischbällchen servieren.

EW	F	KH	kcal/kJ
31 g	38 g	63 g	727/3038

Souvlaki (für 8 Personen)

Zubereitung

1 Lammfleisch von Fett und Sehnen befreien und in ca. 2 cm große Würfel schneiden. Knoblauchzehen schälen, die Hälfte fein hacken. Fleisch mit 2 EL Öl, Zitronenschale und -saft, Wein, Oregano, gehacktem Knoblauch, Lorbeer und etwas Pfeffer vermischen und über Nacht zugedeckt kalt stellen.

2 Restlichen Knoblauch in den Jogurt pressen und 30 Minuten ziehen lassen.

3 Lammfleisch abtropfen lassen, auf 8 Spieße stecken und 7–8 Minuten auf dem Grill garen, dabei mit restlichem Öl bestreichen.

4 Heiße Lammspieße mit Jogurt servieren.

EW	F	KH	kcal/kJ
32 g	28 g	9 g	427/1793

Zutaten

1 kg Lammfleisch aus der Keule
4 Knoblauchzehen
60 ml Olivenöl
2 TL abgeriebene Zitronenschale (unbehandelt)
80 ml Zitronensaft
1/8 l trockener Weißwein
2 TL Oregano
2 frische Lorbeerblätter
schwarzer Pfeffer
250 g griechischer Naturjogurt

Käsebällchen mit Minze

Zubereitung

1 Minze waschen, trockenschütteln, Blätter abzupfen und fein hacken. Frühlingszwiebeln waschen, putzen und klein schneiden. Peperoni waschen, entkernen und würfeln.

2 Schafskäse mit einer Gabel zerdrücken und mit Frischkäse, Frühlingszwiebeln, Peperoni, Kumin und 1/4 der Minze vermengen.

3 Aus der Käsemasse kleine Bällchen formen, in der restlichen Minze wälzen und ca. 2 Stunden kühl stellen.

EW	F	KH	kcal/kJ
16 g	21 g	3 g	267/1121

Zutaten

1 Bd. Pfefferminze
2 Frühlingszwiebeln
1 kleine rote Peperoni
200 g Schafskäse
200 g Frischkäse
1/2 TL Kumin, gemahlen

TIPP

Am besten schmecken die Käsebällchen zu frischem Fladenbrot.

Orientalische Hackfleischspieße mit Spinatsalat

Zutaten
1 Zwiebel
2 Knoblauchzehen
2 EL Walnusskerne
1 Bd. Petersilie
500 g Lammhackfleisch
je 1 TL Salz, Pfeffer und Paprikapulver
Zimt
1 EL Öl zum Bestreichen
200 g Spinatblätter
1 Granatapfel
100 g griechischer Jogurt
3 EL Olivenöl

Zubereitung

1 12 Holzspieße in Wasser einweichen.

2 Zwiebel und Knoblauch schälen, mit Walnüssen fein hacken. Petersilie waschen, fein hacken. Zwiebel, Knoblauch, Nüsse und Petersilie mit Hackfleisch mischen, mit Salz, Pfeffer, Paprikapulver und etwas Zimt würzen, gut verkneten.

3 Masse in 12 Teile teilen, mit angefeuchteten Händen zu ca. 15 cm langen Würsten formen, auf die Spieße stecken, mit Öl bestreichen.

4 Spinat putzen, waschen. Granatapfel halbieren, Kerne mit einem Löffel herauskratzen, Saft auffangen.

5 Kerne mit Jogurt, Olivenöl, Salz und Pfeffer mischen. Die Spieße bei großer Hitze ca. 8 Minuten grillen.

6 Spinat mit Granatapfelsauce mischen, zu den Spießen servieren.

EW	F	KH	kcal/kJ
31 g	38 g	63 g	727/3038

Pitabrot (für 12 Stück)

Zutaten
1 Päckchen Trockenhefe
1 TL feiner Zucker
435 g Mehl
2 EL Olivenöl
Mehl für die Arbeitsfläche
Öl für die Schüssel
Fett für das Blech

TIPP
In einer fest verschlossenen Plastiktüte bleibt das Pitabrot lange frisch. Zum Aufwärmen einfach mit wenig Wasser besprühen und einige Minuten in den Ofen geben.

Zubereitung

1 Hefe, Zucker und 380 ml lauwarmes Wasser in einer Schüssel verrühren, bis sich die Hefe aufgelöst hat. Teig an einem warmen Ort 10 Minuten gehen lassen, bis er Blasen wirft und sich sein Volumen sichtlich vergrößert hat.

2 Mehl, Hefegemisch und Öl mit den Knethaken des Handrührgeräts zu einem Teig verarbeiten. Auf eine bemehlte Arbeitsfläche geben und durchkneten, bis er glatt und elastisch ist. In eine geölte Schüssel gleiten lassen, bedecken und an einem warmen Ort ca. 20 Minuten gehen lassen.

3 Teig mit der Faust zusammendrücken und in 12 Portionen teilen. Jede Portion zu einem 5 mm dicken Fladen ausrollen, auf ein gefettetes Blech legen und mit Wasser bestreichen. Weitere 20 Minuten gehen lassen.

4 Backofen auf 250 Grad vorheizen. Teig evtl. erneut mit Wasser bestreichen, in den Ofen geben und 4–5 Minuten backen, sodass das Brot hell, weich und luftig wird.

EW	F	KH	kcal/kJ
4 g	3 g	27 g	154/647

Käsetaschen

(Tiropitakia/Börek – für 30 Stück)

Zubereitung

1 Backofen auf 180 Grad vorheizen. Feta zerdrücken, mit Greyerzer, verquirlten Eiern und etwas Pfeffer vermischen.

2 Filoblätter quer halbieren und mit einem feuchten Tuch bedecken, damit die Teigblätter nicht austrocknen. Butter in einem Topf zerlassen und mit Öl mischen.

3 1/2 Teigblatt auslegen, mit Öl-Butter-Mischung bestreichen, längs in Drittel falten und erneut bestreichen. 1 EL Käsemischung auf eine Ecke des Teigstreifens setzen, Ecke über die Füllung zum Teigrand falten, sodass ein Dreieck entsteht. Weiter bis zum Ende des Teigstreifens falten, bis die Füllung vollständig eingeschlossen ist. Restlichen Teig und Käsemischung auf die gleiche Weise verarbeiten.

4 Käsetaschen auf ein leicht gefettetes Blech setzen und mit Öl-Butter-Mischung bestreichen. Ca. 20 Minuten knusprig backen.

5 Tomaten waschen, Zwiebel schälen, beides fein hacken und würzen. Mit Olivenöl verfeinern.

EW	F	KH	kcal/kJ
4 g	16 g	4 g	174/731

Zutaten

250 g griechischer Feta
180 g Greyerzer, gerieben
2 Eier
Pfeffer
15 Blätter Filoteig
125 g Butter
1/8 l Olivenöl
Fett für das Blech
300 g Tomaten
1 Zwiebel
Salz
Olivenöl

TIPP

Eine köstliche Variante: Käsemischung mit frischen, gehackten Kräutern versetzen. Dafür bieten sich Petersilie, Minze oder Thymian an.

Sardinen in Weinblättern

(für 16 Stück)

Zutaten

16 große eingelegte Weinblätter
1 Schalotte
16 frische küchenfertige Sardinen (ca. 1,2 kg)
Salz, Pfeffer aus der Mühle
1/2 TL Kumin, gemahlen
6 EL Olivenöl
Saft von 1/2 Zitrone
1 Zitrone (unbehandelt), in Schnitze geschnitten

Zubereitung

1 Weinblätter ca. 10 Minuten in kaltem Wasser einweichen, abspülen, abtropfen lassen und trockentupfen. Schalotte schälen und fein hacken.

2 Fische waschen, trockentupfen, mit Salz und Pfeffer würzen, Bauchhöhle mit Schalotte und Kumin ausstreuen. Sardinen in eine flache Schale oder Auflaufform legen.

3 Für die Marinade Olivenöl, Zitronensaft, Salz und Pfeffer verrühren und Fische damit beträufeln. Zugedeckt 30 Minuten kalt stellen. Grill aufheizen.

4 Weinblätter mit der glänzenden Seite nach unten ausbreiten, mit etwas Marinade einstreichen, Fische darauflegen und vorsichtig in die Weinblätter einrollen.

5 Gefüllte Weinblätter mit der Naht nach unten auf den Grill legen und ca. 8 Minuten garen, dabei mehrfach wenden und mit Marinade einstreichen. Päckchen öffnen und mit Zitronenschnitzen servieren.

EW	F	KH	kcal/kJ
16 g	11 g	2 g	168/707

TIPP

Dieses Gericht lässt sich gut mit anderen Fischen (z. B. Meeräsche) zubereiten. Aber auch Geflügel eignet sich als Füllung für die Weinblätter und ist typisch griechisch.

Zutaten
250 g rote Linsen
250 g Bulgur
1 Bd. Frühlingszwiebeln
2 EL Öl
1 EL Tomatenmark
2 EL Petersilie, gehackt
Saft von 1 Zitrone
Salz, Pfeffer
Chilipulver nach Wunsch
Salatblätter und
Zitronenschnitze zum
Garnieren

Bulgur-Linsen-Bällchen auf Salatblättern

Zubereitung

1 Linsen waschen, mit 3/4 l Wasser aufkochen und zugedeckt ca. 30 Minuten köcheln. Sobald die Linsen gar sind, Herd ausstellen, Bulgur einrühren und ca. 10 Minuten ziehen lassen.

2 Frühlingszwiebeln waschen, putzen und das Weiße und Hellgrüne in feine Ringe schneiden.

3 Öl in einer Pfanne erhitzen und die klein geschnittenen Frühlingszwiebeln darin anbraten. Tomatenmark zugeben und kurz andünsten. Frühlingszwiebeln vom Herd nehmen und in das Bulgur-Linsen-Gemisch einrühren. Abkühlen lassen. Petersilie zugeben, mit Zitronensaft, Salz, Pfeffer und Chilipulver nach Geschmack würzen.

4 Mit Löffeln Nocken aus der Masse stechen, zu kleinen Bällchen formen und in einer Schale mit Salat und Zitronenschnitzen anrichten.

EW	F	KH	kcal/kJ
21 g	9 g	79 g	492/2066

TIPP

Bulgur gehört im Nahen und Mittleren Osten zu den Grundnahrungsmitteln. Da dieses Weizenprodukt bereits vorgekocht ist, wird es in kürzester Zeit zubereitet. Außerdem ist es besonders lange lagerfähig. In der Küche ist Bulgur vielseitig verwendbar und schmeckt z. B. als Suppeneinlage, als Beilage zu Fleisch, Fisch oder Gemüse sowie als süßes Dessert.

Zutaten
1 Kopf grüner Salat
2 rote oder grüne Paprikaschoten
500 g Tomaten
200 g Feta
100 g schwarze Oliven
2 kleine Zwiebeln
1 Salatgurke
3 EL Weißweinessig
Salz, schwarzer Pfeffer
1 EL frische oder
1 TL getrocknete Kräuter, 4 EL Olivenöl

Hirtensalat

TIPP
Hirtensalat, besser noch als »Griechischer Bauernsalat« bekannt, ist nur einer von vielen Salaten der griechischen Küche. Er schmeckt besonders gut mit Sardellen oder Kapern verfeinert.

Zubereitung
1 Grünen Salat waschen und trockenschleudern. In mundgerechte Stücke zerteilen. Paprikaschoten putzen, waschen und in Streifen schneiden. Tomaten waschen, vierteln, Stielansätze entfernen. Käse in große Würfel schneiden und Oliven entsteinen. Zwiebeln schälen und in Ringe schneiden. Gurke waschen, schälen, vierteln und in Stücke schneiden. Alle Salatzutaten in einer Schüssel miteinander vermischen.
2 Für das Dressing Essig mit Salz, Pfeffer und Kräutern verrühren, bis sich das Salz aufgelöst hat. Dann Olivenöl unterschlagen. Dressing kurz vor dem Servieren über dem Salat verteilen.

EW	F	KH	kcal/kJ
11 g	26 g	8 g	330/1386

Zutaten
100 g Feta
2 Knoblauchzehen
je 5 Stängel Petersilie, Dill und Basilikum, 2 Eier
1 EL Maggi Würzmischung 1
5 Yufka-Teigblätter
750 g Naturjogurt (0,1 % Fett)

Knusprige Teigtaschen mit Kräutern (für 5 Personen)

Zubereitung
1 Backofen auf 200 Grad vorheizen.
2 Käse in einer Schüssel zerdrücken. Knoblauchzehen schälen und dazupressen. Kräuter waschen, trockenschütteln, Blättchen von den

Stängeln zupfen und fein hacken. Eier verquirlen, Kräuter einrühren, zum Käse geben und mit MAGGI Würzmischung 1 abschmecken.

3 Teigblätter halbieren. Blätter jeweils mit 2 EL Jogurt und 1 EL Käse-Kräuter-Mischung füllen, dabei einen ca. 2 cm breiten Rand frei lassen. Teig von 2 Seiten ca. 5 cm breit einschlagen, von den anderen Seiten bis zur Mitte einschlagen und in der Mitte zu einem Päckchen zusammenklappen.

4 Butter in einem Topf zerlassen. Backblech mit Backpapier auslegen, Teigtaschen daraufsetzen und mit zerlassener Butter bestreichen. Mit Sesamsamen bestreuen und ca. 30 Minuten im vorgeheizten Ofen goldbraun backen.

5 Tomaten waschen, Stielansätze entfernen und Fruchtfleisch in Spalten schneiden. Gurke putzen, waschen und in dünne Scheiben hobeln. MAGGI Salat mit Pfiff mit 3 EL Wasser und Sonnenblumenöl verrühren. Gemüse mit dem Dressing vermischen und Oliven unterheben.

6 Teigtaschen noch heiß mit Salat servieren.

EW	F	KH	kcal/kJ
17 g	21 g	20 g	350/1466

25 g Butter
2 EL Sesamsamen
5 Tomaten
1 Salatgurke
1 Beutel MAGGI Salat mit Pfiff »Italienische Art«
3 EL Reines Sonnenblumenöl (z. B. von Thomy)
50 g grüne Oliven, mit Knoblauch eingelegt

Gefüllte Artischocken

(für 6 Personen)

Zutaten
1/8 l Zitronensaft
12 Artischocken
500 g Lammhackfleisch
40 g Fladenbrot, fein gehackt, 1 Ei
1 EL frischer Thymian, gehackt
Salz, Pfeffer
Olivenöl zum Frittieren
1/8 l Olivenöl
1/2 TL Kurkuma, gemahlen
1 Lorbeerblatt
ca. 375 ml Hühnerbrühe
40 g Butter
2 EL Mehl

Zubereitung

1 Eine Schüssel mit Wasser füllen, 60 ml Zitronensaft dazugeben. Von Artischocken Blätterkelche und Heu entfernen und Artischocken in das Zitronenwasser legen. Hackfleisch, Fladenbrot, Ei, Thymian, Salz und Pfeffer vermischen. Artischocken herausnehmen, trockentupfen und mit je 2 EL Hackfleischmasse füllen.

2 Topf zu 1/3 mit Öl füllen und erhitzen. Artischocken hineingeben und in 5 Minuten goldbraun frittieren. Auf Küchenpapier abtropfen lassen.

3 Öl, Kurkuma, Lorbeer, restlichen Zitronensaft, 1/4 l Brühe, Salz und Pfeffer zum Kochen bringen. Artischocken hineingeben, Hitze reduzieren, abdecken und 1 Stunde köcheln lassen. Evtl. Brühe nachgießen.

4 Artischocken herausnehmen, abtropfen lassen und warm stellen. Lorbeerblatt aus dem Sud entfernen. Butter zerlassen, Mehl einstreuen und rühren, bis es schäumt. Vom Herd nehmen und Sud nach und nach unterrühren. Aufkochen lassen und rühren, bis die Sauce eindickt. Hitze reduzieren und 2 Minuten köcheln lassen.

5 Artischocken mit Sauce servieren.

EW	F	KH	kcal/kJ
38 g	35 g	15 g	529/2222

Zucchiniküchlein (für 16 Stück)

Zutaten
300 g Zucchini
1 kleine Zwiebel
35 g Kefalotyri (griech. Hartkäse)
30 g Mehl
1 Msp. Backpulver
1 EL frische Minze, gehackt
2 TL frische glatte Petersilie, gehackt
1 Prise Muskat
25 g Paniermehl
1 Ei
Salz, Pfeffer
Olivenöl zum Braten

Zubereitung

1 Zucchini waschen, abtrocknen und fein raspeln. Zwiebel schälen und fein hacken. Gemüse in die Mitte eines sauberen Küchentuchs legen, Ränder zusammenhalten und drehen, um die Flüssigkeit herauszudrücken.

2 Käse reiben. Zucchini-Zwiebel-Masse, Käse, Mehl, Backpulver, Kräuter, Muskat, Paniermehl und Ei miteinander in einer großen Schüssel vermischen. Mit Salz und Pfeffer abschmecken und zu einem festen Teig verkneten. Je 2–3 gestr. EL zu Küchlein formen.

3 Öl in einer Pfanne erhitzen, Küchlein darin portionsweise 2–3 Minuten braten, bis sie gar und von beiden Seiten gut gebräunt sind.

EW	F	KH	kcal/kJ
2 g	3 g	3 g	50/210

Vorspeisen aus aller Welt

Apfel-Ziegenkäse-Türmchen

(Abb. S. 67)

Zutaten
3 Äpfel (z. B. Golden Delicious)
Saft von 1 Zitrone
1 Valençay (französischer Ziegenfrischkäse)
Kerbel
8 Kirschtomaten
Johannisbeeren zum Garnieren

Zubereitung

1 Äpfel vierteln, schälen und sofort in Wasser mit viel Zitronensaft eintauchen. Anschließend Apfelviertel quer in 3 mm dicke Scheiben schneiden und wieder ins Wasser legen. Mit einer Ausstechform Kreise von 3 cm Durchmesser ausschneiden. Valençay ebenfalls in 3 mm dicke Scheiben schneiden.

2 Abwechselnd aus Apfel, Ziegenkäse, Apfel und klein gezupftem Kerbel ein Türmchen zusammensetzen, mit einem kleinen roten Tupfer, einer Kirschtomate oder Johannisbeere, abschließen.

EW	F	KH	kcal/kJ
12 g	12 g	11 g	197/824

Gefüllte Tomaten mit Avocadocreme

Zutaten
4 Tomaten
1 reife Avocado
2 Knoblauchzehen
1/3 Gurke
1 Frühlingszwiebel
150 g Frischkäse
Saft von 1/2 Limette oder Zitrone
Schale von 1/4 Limette oder Zitrone (unbehandelt)
1 Prise Chili
1/2 TL Kumin
Salz
4 Zitronenscheiben
1 EL Petersilie, fein gehackt

Zubereitung

1 Tomaten waschen, evtl. putzen. Von den Tomaten einen Deckel abschneiden und das Innere mit einem Teelöffel vorsichtig herauskratzen.

2 Avocado schälen und Kern entfernen. Knoblauch schälen und fein hacken. Gurke und Frühlingszwiebel waschen, putzen, Gurke in Würfel und Frühlingszwiebel in Ringe schneiden.

3 Avocadofleisch mit der Gabel fein zerdrücken, mit Frischkäse, Knoblauch, Limetten- oder Zitronensaft verrühren. Die Creme mit Limetten- oder Zitronenschale, Chili, Kumin und Salz würzen. Gurkenwürfel und Frühlingszwiebeln untermengen.

4 Die Avocadocreme in die Tomaten füllen, mit Zitronenscheiben und Petersilie garnieren.

EW	F	KH	kcal/kJ
7 g	20 g	9 g	245/1029

TIPP
Für diese Creme müssen die Avocados butterweich sein. Lassen Sie harte Früchte in der Obstschale nachreifen. Wenn Sie den Reifungsprozess beschleunigen wollen, dann wickeln Sie die Avocados dick in Zeitungspapier ein.

Käseplatte mit Gewürzmandeln (für 10 Personen)

Zubereitung

1 Käse ca. 90 Minuten vor dem Servieren aus dem Kühlschrank nehmen, damit er Raumtemperatur bekommt.

2 Für die Mandeln Gewürze in einer Schüssel miteinander mischen. Butter bei mittlerer Hitze in einer Pfanne zerlassen, Mandeln hinzufügen und mit Butter überziehen. 4–5 Minuten darin ziehen lassen. Gewürzmischung dazugeben, erhitzen und so lange braten, bis die Mandeln goldbraun sind.

3 Orangensaft angießen und ca. 3 Minuten kochen, bis die Flüssigkeit verdampft bzw. aufgesogen ist. Mit Salz abschmecken und auf ein mit Backpapier belegtes Blech geben. Auskühlen lassen.

4 Käse auf einer großen Platte anrichten, dabei jedoch genügend Platz lassen, damit er bequem geschnitten werden kann. Obst putzen, waschen, evtl. klein schneiden und auf der Platte verteilen. Gewürzmandeln und Chutney in kleine Schälchen füllen, Brot in Scheiben schneiden und zu der Käseplatte servieren.

EW	F	KH	kcal/kJ
15 g	26 g	27 g	391/1642

Zutaten

Für die Käseplatte:
90 g herzhafter Käse (z. B. Manchego oder Parmesan)
90 g Blauschimmelkäse, 90 g Weichkäse (z. B. Camembert)
90 g Ziegenkäse

Für die Mandeln:
1 TL Curry
1 TL Zucker
1/2 TL Knoblauchpulver, 1/2 TL Ingwer, gemahlen
1/2 TL Paprikapulver rosenscharf
1 EL Butter
200 g ganze Mandeln, geschält
2 TL Orangensaft
1 TL Salz

Für die Beilage:
Früchte der Saison
Chutney
1 Baguette

Zutaten
250 g Blattspinat
Salz
1/2 Packung Kloßteig (750 g, Fertigprodukt)
300 g Räucherlachsscheiben
3 EL Meerrettich (Glas)
150 g Crème fraîche
Pfeffer aus der Mühle
1 EL Zitronensaft
1 TL Wasabi (grüner Meerrettich)
je 2–3 Stängel Dill, Kerbel und Petersilie

Roulade mit Räucherlachs und Spinat

TIPP
Den Kloßteig können Sie selbstverständlich auch selber machen: 500 g mehlig kochende Kartoffeln mit der Schale garen, pellen, durch die Presse drücken. Mit 100 g Mehl, 25 g Grieß, 1 Ei, 1 Eigelb, 25 g Butter und Salz zu einem Teig verarbeiten; 10 Minuten ruhen lassen.
Servieren Sie zur Räucherlachsroulade je nach Wunsch ein Glas Champagner, Sekt oder trockenen Weißwein.

Zubereitung

1 Spinat putzen, waschen, abtropfen lassen. In kochendem Salzwasser kurz blanchieren. Herausnehmen, in kaltem Wasser abschrecken. Blätter einzeln auf einem Tuch ausbreiten und trockentupfen.

2 Kloßteig zwischen 2 Lagen Klarsichtfolie ca. 10 x 20 cm groß und ca. 3 mm dick ausrollen. Folie abziehen und Kloßteig auf Aluminiumfolie legen. Zuerst mit Spinat und anschließend mit Räucherlachs belegen. Mit Meerrettich bestreichen und fest aufrollen. Aluminiumfolie wie ein Bonbon zusammendrehen.

3 Einen großen Topf mit Wasser füllen, zum Kochen bringen. Roulade in siedendem Wasser ca. 10 Minuten pochieren.

4 Inzwischen Crème fraîche mit Salz, Pfeffer, Zitronensaft und Wasabi abschmecken. Kräuter waschen, trockenschütteln, Blätter abzupfen und fein hacken.

5 Roulade aus dem Wasser nehmen, aus der Alufolie rollen, in den Kräutern wälzen, in ca. 1 cm dicke Scheiben schneiden und mit Crème-fraîche-Dip servieren.

EW	F	KH	kcal/kJ
31 g	32 g	39 g	566/2351

Gemüsezwiebeltaschen

(für ca. 20–25 Stück)

Zutaten

Für den Teig:
250 g Mehl
3 gestr. TL Backpulver
250 g Quark
250 g Butter
Mehl für die Arbeitsfläche
1 Eigelb
2 EL Milch

Für die Füllung:
750 g Gemüsezwiebeln
125 g Frühstücksspeck
50 g Butter
Salz, Pfeffer
1 TL Fenchelsamen
100 g Schmand
1 Ei

Zubereitung

1 Mehl und Backpulver auf die Arbeitsfläche sieben. In die Mitte eine Mulde drücken und Quark sowie Butter in Stücken hineingeben. Alles rasch zu einem glatten Teig verarbeiten und auf einer leicht bemehlten Arbeitsfläche zu einem Quadrat von ca. 45 x 45 cm ausrollen. Ausgerollten Teig ca. 1 Stunde im Kühlschrank ruhen lassen.

2 Gemüsezwiebeln schälen und in feine Streifen hobeln. Frühstücksspeck fein würfeln. Butter schmelzen. Frühstücksspeck und Zwiebeln anschwitzen, mit Salz, Pfeffer und Fenchelsamen abschmecken und abkühlen lassen.

3 Schmand und Ei vermischen, unter die Zwiebelmasse rühren und abtropfen lassen.

4 Teig in Quadrate von ca. 9 x 9 cm schneiden. In die Mitte je 1 EL Zwiebelfüllung geben. Teigstücke zu einem Dreieck zusammenklappen, Ränder festdrücken.

5 Eigelb mit Milch verquirlen, Ränder damit einpinseln und Taschen auf ein mit Backpapier ausgelegtes Blech setzen. Im auf 200 Grad vorgeheizten Backofen 20 Minuten goldgelb backen.

EW	F	KH	kcal/kJ
4 g	16 g	9 g	192/806

Seeteufel in Mandeltempura mit Apfelchutney

Zutaten
200 g Äpfel (z. B. Cox Orange)
1/2 frische Chilischote
1 TL Butterschmalz
1 TL 5-Gewürze-Mischung (Asialaden)
Salz
1 Prise Kurkuma
1 Prise Kreuzkümmel
1 TL Zitronensaft
1 TL brauner Zucker
1/2 l Öl zum Frittieren
1/2 Packung Tempuramix (Asialaden)
25 g Mandelblättchen
200 g Seeteufelfilet
Pfeffer

TIPP
Die 5-Gewürze-Mischung ist ein Pulver, das aus der indischen Küche stammt und aus Sternanis, Fenchelsamen, Gewürznelke, Szechuan-Pfeffer sowie Kassie bzw. Zimt besteht.

Zubereitung

1 Für das Apfelchutney Äpfel waschen, schälen, Kerngehäuse entfernen. Äpfel in dünne Scheiben schneiden.

2 Chilischote halbieren, entkernen, waschen und sehr fein hacken.

3 In einem Topf das Butterschmalz erhitzen. 5-Gewürze-Mischung, Chilischote, Salz, Kurkuma und Kreuzkümmel hineingeben, bei mittlerer Hitze unter Rühren ca. 30 Sekunden anbraten. Apfelscheiben hinzugeben, ein paar Minuten mitbraten. Etwas Wasser, Zitronensaft und Zucker zufügen und alles bei kleiner Hitze unter ständigem Rühren so lange kochen, bis das Chutney eingedickt ist. In eine Schüssel umfüllen und 1 Stunde kalt stellen.

4 Öl erhitzen. Tempuramischung nach Packungsanweisung anrühren, Mandelblättchen zugeben.

5 Seeteufel trockentupfen, in Stücke schneiden, salzen und pfeffern. Dann durch den Mandel-Tempura-Teig ziehen und im Öl knusprig braun ausbacken, auf Küchenpapier abtropfen lassen. Fisch zum Anrichten auf einen Teller geben, Apfelchutney dazu servieren.

EW	F	KH	kcal/kJ
23 g	33 g	26 g	501/2104

Minischweinerouladen

Zubereitung

1 Schweinerücken trockentupfen, von Sehnen und Fett befreien. In 4 ca. 1 cm dicke Scheiben schneiden und flach klopfen.

2 Mangoldblätter putzen, Stiel abschneiden. Blätter blanchieren, abschrecken und abtropfen lassen.

3 Mangold auf das Fleisch legen, mit Muskat würzen und je 1 Scheibe Schinken, 1 Salbeiblatt und 1 Scheibe Mozzarella daraufgeben. Mit Salz und Pfeffer würzen.

4 Fleisch aufrollen und mit Küchengarn zusammenbinden. Butterschmalz in einer Pfanne erhitzen, Fleisch von allen Seiten braten und mit Weißwein ablöschen.

EW	F	KH	kcal/kJ
31 g	14 g	2 g	290/1212

Zutaten

350 g Schweinerücken
4 Mangoldblätter
Muskat
4 Scheiben geräucherter Schinken
4 Salbeiblätter
4 dünne Scheiben Mozzarella
Salz
Pfeffer
1 1/2 EL Butterschmalz
200 ml Weißwein

Gefülltes Brot

Zubereitung

1 Backofen auf 240 Grad vorheizen. Brotlaib mehrmals tief einschneiden, dabei das Brot jedoch nicht durchtrennen. Auf ein großes Stück Folie setzen.

2 Hartwurst, Käse und gewaschene Tomaten würfeln und mit Zwiebel, Petersilie und Butter vermischen. Zwischen den Brotscheiben verteilen. Brot mit Folie umschließen und ca. 15 Minuten backen.

EW	F	KH	kcal/kJ
16 g	23 g	58 g	501/2104

Zutaten

1 kleines Graubrot
100 g Hartwurst
50 g Käse
2 Tomaten
1 Zwiebel, gehackt
Petersilie, gehackt
50 g weiche Butter

Tunfischfrikadellen mit Mangochutney-Dip

Zutaten
1 Zwiebel
1 kleines Stück Ingwer
2 Dosen Tunfischfilets Naturale (z. B. von Saupiquet)
2 Eier
3–4 EL feine Haferflocken
Salz
Pfeffer
Chilipulver
40 g Sesam
Öl für das Blech
200 g Jogurt
3 EL Mangochutney

Zubereitung

1 Zwiebel schälen und fein hacken. Ingwer schälen und mit einer Küchenreibe fein raspeln. Tunfisch in einem Sieb abtropfen lassen und mit einer Gabel zerpflücken. Mit Zwiebel, Ingwer, Eiern und Haferflocken vermischen. Mit Salz, Pfeffer und Chilipulver würzen.

2 Aus der Tunfischmasse kleine Kugeln formen und diese in Sesam wälzen.

3 Tunfischkugeln auf ein mit Öl eingestrichenes Backblech legen und im vorgeheizten Backofen bei 200 Grad ca. 15 Minuten goldbraun backen, zwischendurch wenden.

4 Jogurt und Chutney verrühren, mit Salz und Pfeffer abschmecken. Tunfischkugeln auf einer Platte anrichten. Chutneyjogurt dazu servieren.

EW	F	KH	kcal/kJ
30 g	11 g	7 g	250/1050

Entenbrust auf Brot

Zutaten
2 Barbarie-Entenbrüste
Salz, Pfeffer
Butterschmalz zum Braten
4 Scheiben Roggenmischbrot
60 g Butter
1 Bd. Rucola
4 Kirschtomaten
Cumberlandsauce
4 Cornichons

Zubereitung

1 Entenbrüste evtl. unter fließendem kaltem Wasser waschen, mit Küchenpapier trockentupfen. Haut mit einem scharfen Messer kreuzweise einschneiden, mit Salz und Pfeffer würzen.

2 Butterschmalz in einer Pfanne erhitzen, die Entenbrust darin auf der Hautseite 3 Minuten anbraten, dann auf der Fleischseite weitere 2 Minuten braten. Entenbrüste im Ofen bei 180 Grad in einer Auflaufform oder auf einem Blech 10–15 Minuten garen. Abkühlen lassen.

3 In der Zwischenzeit Brotscheiben mit je 15 g Butter bestreichen. Lauwarme Entenbrüste in dünne Scheiben schneiden und Brote jeweils mit 1/2 Entenbrust fächerförmig belegen.

4 Rucola waschen, verlesen, trockenschleudern und in 4 kleine Bündel aufteilen. Kirschtomaten waschen, aufschneiden, evtl. Stielansätze entfernen. Cornichons der Länge nach auffächern. Rucolabündel dekorativ auf den Brotscheiben anrichten und jeweils 1 Kirschtomate darauf platzieren.

5 Mit Cumberlandsauce beträufeln und mit je 1 Cornichon garniert servieren.

EW	F	KH	kcal/kJ
17 g	9 g	21 g	234/982

TIPP
Cumberlandsauce ist eine fruchtig-süße Rotweinsauce, die mit Orangensaft und Johannisbeergelee versetzt ist.

Zutaten
250 g Mehl
110 g Butterschmalz
1 Ei, Salz
250 g Schweinehackfleisch
80 g grüner Speck (vom Metzger durch den Fleischwolf drehen lassen)
1 TL Fenchelsamen
1 TL Senfkörner
8 Wacholderbeeren
2 cl Cognac
Pfeffer
3 Eigelb
80–100 g Sahne
200 g frische Pfifferlinge
1 Schalotte
1 Bd. Petersilie
12 Trockenpflaumen
150 g grüner Speck in Scheiben
2 Blatt Gelatine
200 ml Eiswein

TIPP

Pilze sollten generell nicht unter Wasser gewaschen werden. Da Pfifferlinge jedoch häufig stark verschmutzt sind, einfach in einem Bad aus Wasser und Mehl – Mischung sollte noch wässrig sein – kurz eintauchen und zwischen den Fingern vorsichtig sauber reiben.

Pastete mit Pfifferlingen

Zubereitung

1 Für den Teig Mehl, 80 g Butterschmalz und Ei vermengen. 40–50 ml Wasser und Salz zugeben und verkneten. Teig in Frischhaltefolie wickeln und 1 Stunde kalt stellen.

2 Für die Füllung Hackfleisch mit Speck vermischen. Fenchelsamen, Senfkörner und Wacholderbeeren im Mörser zerstoßen, mit Cognac mischen, danach kräftig salzen und pfeffern. Im Tiefkühlfach ca. 30 Minuten kühlen.

3 Schweinehackfleisch gründlich verkneten und dabei nach und nach 2 Eigelb und Sahne zugeben. Abschmecken und kühl stellen.

4 Pfifferlinge putzen. Schalotte schälen und fein würfeln. Beide Zutaten mit 20 g Butterschmalz in einer großen Pfanne bei größter Hitze 5 Minuten braten, bis die gesamte Flüssigkeit ausgetreten und verdunstet ist. Danach mit Salz und Pfeffer würzen und kalt stellen.

5 Petersilie waschen, trockenschütteln und fein hacken. Mit der Füllung und der Pfifferling-Schalotten-Mischung vermengen und Pflaumen unterheben. Backofen auf 190 Grad vorheizen. Teig 2–3 mm dick ausrollen, Form mit 2/3 des Teiges in einem Stück auslegen. Teig mit Speckscheiben belegen, sodass der Speck an den Seiten übersteht. Füllung darauf verteilen und mit Speckscheiben verschließen.

6 Restlichen Teig dünn ausrollen, auf die Pastete legen. An den Rändern zusammendrücken. Mit einer kleinen runden Ausstechform 2 kleine Löcher in den Teigdeckel stechen. Pastete mit Teigresten verzieren. Restliches Eigelb mit 2 EL Wasser verquirlen, Pastete damit einstreichen und auf der untersten Schiene des Backofens 75 Minuten backen.

7 Herausnehmen, mindestens 8 Stunden im Kühlschrank abkühlen lassen. Gelatine einweichen, herausnehmen und mit 2 EL Eiswein schmelzen, mit dem restlichen Wein vermischen und in die Löcher der Pastete gießen. 2 Stunden durchkühlen lassen.

8 Die Pastete hält sich im Kühlschrank bis zu 3 Tagen.

EW	F	KH	kcal/kJ
34 g	96 g	93 g	1420/5964

Mexikanische Burritos

Zubereitung

1 Perlgraupen über Nacht (mindestens aber 1 Stunde) einweichen. Ofen auf 180 Grad vorheizen.

2 Inzwischen Käse reiben und Koriander fein hacken. Perlgraupen, Mandelstifte, Bohnen, Käse und Koriander in einer großen Schüssel vermengen. Mischung gleichmäßig auf die 8 Tortillas verteilen und zusammenrollen.

3 Burritos mit Wasser bestreichen und in eine gefettete Auflaufform geben. Mit Alufolie bedecken und 30 Minuten im Ofen backen.

4 Burritos halbieren und mit roter Salsa warm servieren.

EW	F	KH	kcal/kJ
16 g	16 g	67 g	440/1840

Zutaten

80 g Perlgraupen
60 g Hartkäse
1 EL frische Korianderblätter
70 g Mandelstifte
350 g schwarze Bohnen, gekocht
8 Weizentortillas
Fett für die Auflaufform
125 ml rote Salsa (Fertigprodukt)

Käse-Feigen-Platte

Zubereitung

1 Brie in 1/2 cm dicke Scheiben schneiden. Feigen waschen, trockentupfen und mit Schale vierteln. Beides auf 4 Tellern anrichten.

2 Für die Marinade Cassis, Essig und etwas Zucker mit Öl verrühren und über den Käse träufeln. Walnusskerne grob hacken und über Feigen und Brie streuen. Alles mit Pfeffer und Salz würzen und ca. 30 Minuten ziehen lassen.

EW	F	KH	kcal/kJ
15 g	40 g	5 g	418/1747

Zutaten

300 g Brie
3 Feigen
2 EL Cassis
3 EL Weißweinessig
Zucker
3 EL Haselnussöl
50 g Walnusskerne
Pfeffer aus der Mühle
Salz

Geflügelterrine mit Johannisbeeren (für 6–8 Personen)

Zutaten
300 g Geflügelleber
300 g Hähnchenbrustfilet
1 Eiweiß
4 EL Cognac
100 g Butter
100 g Sahne
75 g Crème double
Salz, Pfeffer
2 EL Thymian, gehackt
75 g rote Johannisbeeren
75 g schwarze Johannisbeeren
Butter für die Form
Johannisbeeren zum Garnieren

Zubereitung

1 Leber und Hähnchenfleisch unter fließendem kaltem Wasser abwaschen, trockentupfen und in kleine Würfel schneiden. Mit Eiweiß und Cognac vermischen und ca. 15 Minuten in das Tiefkühlfach stellen.

2 Die tiefgefrorene Masse fein pürieren. Nach und nach Butter, Sahne und Crème double zufügen. Mit Salz, Pfeffer und Thymian abschmecken.

3 Johannisbeeren verlesen, waschen, gut abtropfen lassen bzw. trockentupfen und unter die abgeschmeckte Geflügelcreme heben.

4 Backofen auf 200 Grad vorheizen. Terrinenform (ca. 1 l Inhalt) mit Butter einfetten, Geflügelcreme einfüllen und die Form gut verschließen. Ein ofenfestes, flaches Behältnis (evtl. eine Auflaufform) mit Wasser füllen, Terrine hineinsetzen und bei 200 Grad ca. 50 Minuten garen.

5 Terrine auskühlen lassen, in Scheiben schneiden und mit frischen Johannisbeerenrispen garnieren.

EW	F	KH	kcal/kJ
18 g	19 g	4 g	260/1090

Hähnchenspieße mit Sesam-Chili-Dip

Zubereitung

1 Fleisch unter fließendem kaltem Wasser waschen, trockentupfen und in Streifen schneiden. In eine Schüssel füllen, mit Chilisauce bedecken, gut durchmischen und 2 Stunden marinieren.

2 Chilischoten halbieren, entkernen, waschen, fein hacken, mit Majonäse vermengen und mit Salz, Pfeffer und Chilipulver pikant abschmecken.

3 Fleisch aus der Marinade nehmen, evtl. leicht abtropfen lassen, auf 12 Holzspieße stecken und in erhitztem Öl rundherum knusprig braten. Spieße mit etwas Sesam bestreuen.

4 Restlichen Sesam unter den Majonäsedip rühren.

5 Hähnchenspieße mit Dip servieren und nach Wunsch mit Kräutern garnieren.

EW	F	KH	kcal/kJ
34 g	34 g	13 g	502/2091

Zutaten

480 g Hähnchen- oder Putenfleisch
200 ml Chilisauce (Fertigprodukt)
2 kleine rote Chilischoten
120 g fettarme Majonäse
Salz
Pfeffer
Chilipulver
4 EL Olivenöl
50 g Sesam, geröstet
Kräuter zum Garnieren

TIPP

Den Sesam am besten in einer beschichteten Pfanne ohne Fett rösten, bis er duftet.

Chilis rellenos

Zutaten
4 Paprikaschoten
3 Zwiebeln
1 EL Reines Sonnenblumenöl (z. B. von Thomy)
300 g Hackfleisch
250 g Reis
2 EL Mandeln, gehackt
1 EL Rosinen
1 Stange Zimt
1 Würfel MAGGI Klare Suppe mit Suppengrün
2 Fleischtomaten
1 Spritzer Tabasco
1/2 TL Chilipulver

Zubereitung

1 Paprikaschoten putzen, waschen, Kerne und weiße Innenhäute entfernen und Schoten in Würfel schneiden. Zwiebeln schälen und fein hacken.

2 Sonnenblumenöl in einer Pfanne erhitzen. Hackfleisch und Reis darin anbraten, Gemüse zugeben und mitdünsten.

3 Mandeln, Rosinen, Zimtstange und 1 l Wasser zufügen und zum Kochen bringen. MAGGI Klare Suppe dazugeben und auflösen. Alles 20 Minuten kochen, dann Zimtstange herausnehmen.

4 Fleischtomaten kreuzweise einritzen, überbrühen, abschrecken, häuten und Fruchtfleisch klein schneiden. Tomatenwürfel zur Reis-Hackfleisch-Mischung geben und erwärmen. Mit Tabasco und Chilipulver pikant abschmecken.

5 Nach Wunsch in Tostadas und mit Taco-Chips servieren.

EW	F	KH	kcal/kJ
23 g	18 g	62 g	519/2175

Butterrolle mit geräucherter Putenbrust

Zubereitung

1 Weiche Butter und gehackte Kräuter miteinander verrühren, mit Salz und Pfeffer abschmecken.

2 Frühlingszwiebeln putzen, waschen, das Weiße hacken. Das Grün mit kochendem Wasser überbrühen, kalt abschrecken und abtropfen lassen.

3 Salat und Radieschen putzen und waschen. Salat trockenschleudern. Eier pellen und Tomaten abtropfen lassen. Alles fein hacken und vermischen. Putenbrust in Streifen schneiden. Toast entrinden.

4 Jeweils 2 Scheiben Toastbrot leicht überlappend nebeneinander legen, mit einem Nudelholz zu einem Rechteck von ca. 20 x 30 cm ausrollen. Mit Kräuterbutter bestreichen.

5 Vorbereitete Zutaten auf dem Buttertoast gleichmäßig verteilen, aufrollen und mit einem Messer schräg halbieren. Mit Frühlingszwiebelgrün zusammenbinden und servieren.

EW	F	KH	kcal/kJ
14 g	18 g	22 g	315/1320

Zutaten

60 g Süßrahmbutter
je 1 TL Estragon, glatte Petersilie, gehackt, und Schnittlauchröllchen
Salz
Pfeffer
2 Frühlingszwiebeln
2 Blätter grüner Salat
5 Radieschen
2 Eier, gekocht
2 getrocknete, in Öl eingelegte Tomaten
100 g geräucherte Putenbrust, in Scheiben geschnitten
8 Scheiben Toastbrot

TIPP

Für dieses Rezept bietet sich »American Sandwich« an, das nicht nur sehr locker und leicht, sondern auch größer als herkömmlicher Toast ist.

Gefüllte Eier (für 12 Stück)

Zutaten
6 Eier
4 Stängel Estragon
125 g Butter
50 g TK-Erbsen, aufgetaut
Salz, Pfeffer
1 TL Currypulver
Cayennepfeffer
3 TL Kaviar

TIPP
Zu besonderen Anlässen sollte man auf Wachteleier zurückgreifen.

Zubereitung

1 Eier hart kochen, abschrecken und abkühlen lassen. Dann pellen, halbieren und Eigelb vorsichtig mit einem Löffel herauslösen.

2 Estragon waschen, trockenschütteln, Blättchen von 2 Stängeln abzupfen und mit der Hälfte des Eigelbs, 40 g Butter und den Erbsen fein pürieren. Mit Salz und Pfeffer würzen und mit einem Spritzbeutel mit Sterntülle in 6 Eihälften spritzen. Mit restlichen Estragonblättern garnieren.

3 Die zweite Hälfte des Eigelbs mit restlicher Butter und Currypulver pürieren, mit Cayennepfeffer und Salz abschmecken und mit dem Spritzbeutel mit Sterntülle in die restlichen Eihälften spritzen. Kaviar darauf verteilen.

EW	F	KH	kcal/kJ
4 g	11 g	1 g	125/523

Garnelen in Biersülze

Zutaten
300 g küchenfertige Garnelen
1 großer Granny Smith
2 EL Schnittlauch, fein gehackt
5 Blatt Gelatine
400 ml Fischbouillon
100 ml Bier
Zitronensaft
Salz
Pfeffer
Kaviar
4 Scheiben Toast
Crème fraîche

Zubereitung

1 Garnelen waschen, trockentupfen und grob zerkleinern. Apfel waschen, schälen, vierteln und Kerngehäuse entfernen. Fruchtfleisch in Würfel schneiden. Garnelen, Apfelstücke und Schnittlauch miteinander vermengen, dabei einige Garnelen zum Garnieren beiseite stellen.

2 Gelatine nach Packungsanweisung in kaltem Wasser einweichen. Fischbouillon in einem Topf zum Kochen bringen, mit Bier, Zitronensaft, Salz und Pfeffer würzen. Gelatine ausdrücken, zur Brühe geben, darin auflösen und das Ganze andicken lassen.

3 Garnelen-Apfel-Mischung in Förmchen geben, mit Sülzsaft bedecken, mit Frischhaltefolie abdecken und kalt stellen.

4 Formen vor dem Servieren in warmes Wasser stellen, um die Sülze zu lösen. Förmchen auf Teller stürzen, mit restlichen Garnelen anrichten und mit 1 Löffel Kaviar, Toast und Crème fraîche servieren.

EW	F	KH	kcal/kJ
18 g	3 g	4 g	133/560

Bolinhos de Bacalhau

Zubereitung

1 Stockfisch mindestens 12 Stunden in kaltem Wasser einweichen, das Wasser dabei mehrmals wechseln.

2 Fisch ca. 15 Minuten in kochendem Wasser garen. Herausnehmen, abkühlen lassen und Haut sowie Gräten entfernen. Fischfleisch durch den Fleischwolf drehen.

3 Kartoffeln schälen, waschen und in ca. 25 Minuten garen, abgießen, ausdampfen lassen und durch die Kartoffelpresse drücken. Zwiebel schälen und fein hacken. Die Kartoffeln mit zerkleinertem Stockfisch, Zwiebel und Petersilie gründlich vermischen. Den Portwein unterrühren, mit Salz, Pfeffer und Muskat würzen. Nacheinander Eier unterarbeiten, bis eine formbare Masse entsteht.

4 Bällchen von ca. 2,5 cm Durchmesser aus der Fischmasse formen und im heißen Öl frittieren. Auf Küchenpapier abtropfen lassen und noch lauwarm mit Zitronenschnitzen servieren.

5 Ergibt ca. 20 Stück.

EW	F	KH	kcal/kJ
65 g	58 g	17 g	861/3616

Zutaten

300 g Stockfisch
250 g mehlig kochende Kartoffeln
1 Zwiebel
3 EL Petersilie, gehackt
4 cl Portwein
Salz
Pfeffer aus der Mühle
Muskatnuss, gerieben
2–3 Eier
Öl zum Frittieren
2 Zitronen (unbehandelt), in Spalten geschnitten

Zutaten
1 Knolle Rote Bete
250 g geräucherte Gänsebrust
1 Bd. Brunnenkresse
2 EL Zitronensaft
1 TL Balsamico-Essig
1/4 TL Senf
Salz
Pfeffer aus der Mühle
2 EL Olivenöl
Greyerzer am Stück

TIPP
Geräucherte Gänsebrust sollten Sie in jedem Fall bei Ihrem Metzger vorbestellen, da sie nicht zum alltäglichen Angebot gehört. Diese Spezialität ist vor allem zur Weihnachtszeit eine beliebte Vorspeise.

Gänsebrust-Carpaccio mit Brunnenkresse (für 2 Personen)

Zubereitung

1 Rote Bete putzen, gründlich unter fließendem Wasser waschen, dabei die Schale jedoch nicht verletzen. In einem Topf mit Siebeinsatz weich dämpfen, abschrecken und abtropfen lassen.

2 Fettschicht von der geräucherten Gänsebrust entfernen, Fleisch in hauchdünne Scheiben schneiden und fächerförmig auf 2 Tellern anrichten.

3 Rote Bete schälen, 6–8 dünne Scheiben abschneiden und mithilfe einer Plätzchenform halbmondförmig ausstechen. Brunnenkresse putzen, waschen, trockentupfen und mit den Rote-Bete-Monden dekorativ auf den Gänsebrustscheiben anrichten.

4 Für die Vinaigrette Zitronensaft und Balsamico-Essig mit Senf, Salz und Pfeffer gut verrühren, Öl unterschlagen und abschmecken.

5 Vinaigrette über das Carpaccio träufeln und Käse mit einem Sparschäler oder Trüffelhobel in feinen Spänen darüberhobeln. Mit Pfeffer übermahlen und servieren.

EW	F	KH	kcal/kJ
53 g	26 g	11 g	501/2099

Kräuterkartoffeln mit Quark

Zubereitung

1 Backofen auf 200 Grad vorheizen.

2 Kartoffeln waschen, schälen und in Spalten schneiden. Mit Sonnenblumenöl in einer Schüssel mischen, auf einem Backblech verteilen und ca. 35 Minuten im Ofen goldgelb backen.

3 Gurke putzen, schälen, halbieren und die Kerne herauskratzen. Radieschen putzen, waschen. Beides in kleine Würfel schneiden. Schnittlauch waschen, trockenschütteln und in Röllchen schneiden.

4 Quark mit Nestlé LC 1 Pur, Zucker, 4 TL Kräuter Fondor, Schnittlauchröllchen sowie Gurken- und Radieschenwürfeln verrühren. Kartoffelspalten nach Geschmack mit Kräuter Fondor und Pfeffer würzen und mit Radieschenquark anrichten.

EW	F	KH	kcal/kJ
25 g	14 g	47 g	433/1811

Zutaten

1 kg fest kochende Kartoffeln
4 EL Reines Sonnenblumenöl (z. B. von Thomy)
200 g Salatgurke
1 Bd. Radieschen
1 Bd. Schnittlauch
500 g Quark
150 g Nestlé LC1 Pur
1/2 TL Zucker
Kräuter Fondor
Pfeffer, frisch gemahlen

Pakoras

Zutaten
125 g Kichererbsenmehl
1/4 TL Natron
1 Zwiebel
2 Kartoffeln
3 EL Petersilie, fein gehackt
1/2 TL Kreuzkümmel, gemahlen
1/2 TL Cayennepfeffer
1 Msp. Garam Masala
Salz
Ghee oder geklärtes Butterschmalz zum Frittieren
Mangochutney

Zubereitung

1 Kichererbsenmehl mit Natron und 5 EL Wasser verrühren.

2 Zwiebel schälen, halbieren und in hauchdünne Scheiben schneiden.

3 Kartoffeln schälen und sehr fein hacken. Die Menge soll ca. 200 g Kartoffeln ergeben. Zwiebel, Kartoffeln, Petersilie, Kreuzkümmel, Cayennepfeffer, Garam Masala und ca. 1 TL Salz unter den Teig rühren.

4 Fett in einem großen Topf oder einer Fritteuse auf 175 Grad erhitzen. Je 1 EL Teig abstechen und in das Fett gleiten lassen. Teig in 2 Portionen jeweils 8 Minuten goldbraun frittieren.

5 Pakoras ab und zu wenden. Bällchen mit einem Schaumlöffel aus dem Fett nehmen und auf Küchenpapier abtropfen lassen. Pakoras heiß oder lauwarm mit Mangochutney servieren.

EW	F	KH	kcal/kJ
4 g	11 g	14 g	173/725

Frühlingsrollen mit Fisch

Zutaten
1 Packung schwarze Pilze (25 g)
3 Frühlingszwiebeln
1 Möhre
4 EL Öl
1 Glas Bohnenkeime
100 g Kabeljaufilet
1 TL Sojasauce
Pfeffer
Ingwerpulver
Chilipulver
1 Packung Reisplatten (Fertigprodukt)
9 Salatblätter

Zubereitung

1 Schwarze Pilze nach Packungsanweisung einweichen, abtropfen lassen und klein schneiden.

2 Frühlingszwiebeln und Möhre putzen, Möhre schälen, Frühlingszwiebeln waschen, in Ringe schneiden und Möhre würfeln.

3 Zwiebelringe und Möhrenwürfel in 1 EL Öl ca. 10 Minuten anbraten. Schwarze Pilze und Bohnenkeime zugeben und erhitzen.

4 Fisch waschen, trockentupfen, in kleine Würfel schneiden. Zum Gemüse geben und ca. 5 Minuten schmoren. Alles mit Sojasauce und Gewürzen abschmecken.

5 Die Reisplatten nach Packungsanweisung vorbereiten, mit je 1 gewaschenen Salatblatt belegen und mit der Fisch-Gemüse-Masse füllen. Seiten einschlagen und zu Röllchen drehen.

6 Restliches Öl erhitzen und Frühlingsrollen darin braten. Nach Wunsch können die Rollen auf Bananenblättern serviert werden.

EW	F	KH	kcal/kJ
8 g	6 g	3 g	83/347

Saucen, Pasten & Dips

Guacamole (Abb. S. 87, rechts)

Zutaten
2 reife Avocados
Saft von 1 Limette
Salz, schwarzer Pfeffer
1 TL Brühe (Instant)
1 rote Zwiebel
200 g saure Sahne
Taco-Chips

Zubereitung

1 Avocados halbieren, entkernen und Fruchtfleisch mit einer Gabel oder dem Pürierstab fein pürieren. Mit Limettensaft, Salz, Pfeffer und Brühe abschmecken.

2 Zwiebel schälen, fein hacken. Mit der sauren Sahne unter das Avocadopüree mischen.

3 Avocadocreme in Schälchen füllen und mit Taco-Chips genießen.

EW	F	KH	kcal/kJ
8 g	25 g	38 g	426/1789

Tomatensalsa (Abb. S. 87, links)

Zutaten
500 g reife Tomaten
1 Schalotte
2 Knoblauchzehen
1 rote Paprikaschote
2 kleine grüne Chilischoten
2 EL Tomatenmark
3–4 EL Gemüsebrühe
3 EL Petersilie, fein gehackt
1 Msp. Zucker
Kräutersalz
Pfeffer

Zubereitung

1 Tomaten überbrühen, häuten, Stielansatz und Kerne entfernen. Fruchtfleisch würfeln. Schalotte und Knoblauch schälen und sehr fein hacken. Paprikaschote mit dem Sparschäler schälen, halbieren, putzen und fein würfeln.

2 Chilischoten von Stielansatz und Kernen befreien, waschen und fein würfeln.

3 Gemüse in einem Topf vermengen. Tomatenmark und Brühe dazugeben. Aufkochen und offen bei schwacher Hitze in 15 Minuten einkochen. Dabei öfter umrühren. Salsa vom Herd nehmen, Petersilie unterrühren und mit Gewürzen abschmecken.

EW	F	KH	kcal/kJ
5 g	1 g	10 g	73/309

Taramosalata

Zutaten
5 Scheiben Weißbrot
80 ml Milch
100 g Tarama
1 Eigelb
1/2 kleine Zwiebel, geschält, gerieben
1 Knoblauchzehe, geschält, zerdrückt
2 EL Zitronensaft
80 ml Olivenöl
weißer Pfeffer

Zubereitung

1 Brot 10 Minuten in der Milch einweichen. In einem Sieb ausdrücken, dann in der Küchenmaschine mit Tarama, Eigelb, Zwiebel und Knoblauch ca. 30 Sekunden glatt pürieren.

2 1 EL Zitronensaft unterschlagen. Unter Rühren Öl nach und nach zugießen. Restlichen Zitronensaft und Pfeffer zufügen.

EW	F	KH	kcal/kJ
14 g	27 g	38 g	454/1897

Hummus

Zutaten
220 g getrocknete Kichererbsen
2 EL Tahin (Sesampaste)
4 Knoblauchzehen, geschält, zerdrückt
2 TL Kreuzkümmel, gemahlen
80 ml Zitronensaft
3 EL Olivenöl
1 große Prise Cayennepfeffer
Salz
Zitronensaft nach Belieben zum Würzen
Olivenöl zum Beträufeln
Paprikapulver zum Bestreuen
schwarze Oliven, entsteint
Gemüse, gebraten, oder Fladenbrot als Beilage

Zubereitung
1 Die Kichererbsen in eine Schüssel geben. 1 l Wasser zugießen und Erbsen über Nacht einweichen. Abgießen, in einen großen Topf geben und 2 l Wasser zufügen. Zum Kochen bringen, dann die Hitze reduzieren und ca. 75 Minuten köcheln lassen, bis die Kichererbsen sehr weich sind. Immer wieder Schaum mit einer Kelle von der Oberfläche abschöpfen. Erbsen abgießen, abtropfen lassen, dabei die Flüssigkeit auffangen.

2 Erbsen etwas abkühlen lassen, dann von allen losen Häutchen befreien.

3 Kichererbsen, Tahin, Knoblauch, Kreuzkümmel, Zitronensaft, Olivenöl, Cayennepfeffer und 1 1/2 TL Salz im Mixer zu einer dicken, glatten Masse verrühren. Nach und nach ca. 180 ml Kochflüssigkeit von den Kichererbsen zufügen, bis ein glattes Püree entsteht. Mit Salz und etwas Zitronensaft würzen.

4 Auf flache Schalen verteilen, mit Öl beträufeln, mit Paprikapulver und schwarzen Oliven bestreuen.

5 Nach Wunsch mit Gemüse oder Fladenbrot servieren.

EW	F	KH	kcal/kJ
12 g	12 g	25 g	256/1116

SAUCEN, PASTEN & DIPS

Zutaten
1 Salatgurke
1 Stängel Dill
1 Zweig Minze
500 g Quark
2 Knoblauchzehen, geschält, zerdrückt
4 EL Mineralwasser
Pfeffer, Salz
Pitabrot

Tsatsiki

Zubereitung

1 Gurke waschen, halbieren, entkernen und grob raspeln.

2 Dill und Minze waschen, abtropfen lassen und fein wiegen. Geraspelte Gurke evtl. ausdrücken, unter den Quark heben, mit Knoblauch, Dill, Minze und Mineralwasser verrühren. Mit Pfeffer und Salz abschmecken.

3 Dip für ca. 30 Minuten in den Kühlschrank stellen und mit Pitabrot servieren.

EW	F	KH	kcal/kJ
9 g	26 g	41 g	433/1812

Zutaten
125 g zimmerwarme Butter
1 rote Paprikaschote
1/2 rote Peperoni
1 Prise Salz
1/2 EL schwarze Pfefferkörner
1/2 EL Fenchelsamen
1 EL Senfkörner
1/2 EL getrockneter Oregano

Paprikabutter

Zubereitung

1 Butter mit dem Handrührgerät ca. 5 Minuten weißschaumig schlagen.

2 Paprika waschen, entkernen. Peperoni waschen, längs halbieren, Kerne und Stielansatz entfernen. Beides in Streifen schneiden und mit 1 EL Butter sowie Salz ca. 10 Minuten abgedeckt dünsten.

3 Pfefferkörner, Fenchelsamen und Senfkörner in einer Pfanne ohne Fett rösten. Herausnehmen und fein hacken. Oregano und Paprika dazugeben und fein pürieren.

4 Unter die Butter mischen und kalt stellen.

EW	F	KH	kcal/kJ
3 g	105 g	5 g	959/4009

Pikante Ricottacreme

Zutaten
1 Salatgurke
1 kleine Knoblauchzehe
150 g Ricotta
50 g grüne Oliven mit Paprikafüllung
1 TL frische Kräuter, gehackt
Salz
Pfeffer
3 Blatt weiße Gelatine
1 Tomate
bunter Pfeffer, Pinienkerne, Basilikum und schwarze Oliven nach Belieben

Zubereitung

1 Gurke waschen, die Hälfte pürieren. Knoblauchzehe schälen, zerdrücken und mit Ricotta unter das Gurkenpüree rühren. Oliven in dünne Scheiben schneiden und mit den Kräutern unter die Masse heben. Mit Salz und Pfeffer abschmecken.

2 Gelatine einweichen, ausdrücken und auflösen. Unter die Ricottacreme rühren und ca. 2 Stunden kalt stellen.

3 Tomate waschen und zusammen mit restlicher Gurke in Scheiben schneiden. Mit einem Esslöffel Nocken aus der Ricottacreme abstechen und auf einem Bett aus Tomaten- und Gurkenscheiben anrichten.

4 Nach Belieben mit buntem Pfeffer, Pinienkernen, Basilikum und schwarzen Oliven garniert servieren.

EW	F	KH	kcal/kJ
0 g	17 g	1 g	165/691

Basilikum-Tomaten-Butter

Zutaten
250 g Tomaten
1 Bd. Basilikum
250 g weiche Butter
2 Knoblauchzehen
Salz, Pfeffer

Zubereitung

1 Tomaten überbrühen, abschrecken und häuten. Kerne entfernen, Fruchtfleisch würfeln. In ein Sieb geben und abtropfen lassen.

2 Basilikum waschen, trockenschütteln, Blätter abzupfen. Mit Butter und Tomatenwürfeln in den Mixer geben und pürieren. Knoblauch schälen, dazupressen, mit Salz und Pfeffer abschmecken. Kalt stellen.

EW	F	KH	kcal/kJ
4 g	1 g	13 g	89/374

Dreierlei Dips

Zutaten
250 g Quark
140 ml Milch
12 EL Salatöl
6 EL Instantflocken
1 Bd. frische Kräuter
1–2 Frühlingszwiebeln
Salz, Pfeffer
2 Knoblauchzehen
50 g getrocknete Tomaten
200 g Schafskäse
2 EL Paprikapulver rosenscharf
1 EL Thymian
200 g Frischkäse
1 Bd. Schnittlauch
60 g Gewürzgurken

Zubereitung

1 Für den Kräuterquark Quark, 70 ml Milch, 3 EL Salatöl und 2 EL Instantflocken glatt rühren.

2 Kräuter waschen, trockenschütteln, Blätter abzupfen und fein hacken. Frühlingszwiebeln putzen, waschen und in Ringe schneiden. Beides unter den Quark mischen und mit Salz und Pfeffer abschmecken.

3 Für den Tomaten-Käse-Dip Knoblauch schälen. Mit Tomaten und 3 EL Öl im Mixer pürieren. Schafskäse mit 7 EL warmem Wasser, 2 EL Instantflocken und Paprikapulver glatt rühren. Tomatenpaste sowie Thymian dazugeben, gründlich verrühren und zum Schluss mit Salz und Pfeffer abschmecken.

4 Für den Frischkäse-Dip restliche Milch erwärmen. Frischkäse mit lauwarmer Milch und restlichem Öl verrühren. Schnittlauch waschen, trockenschütteln und in Röllchen schneiden. Gurken abtropfen lassen und fein hacken. Schnittlauch mit restlichen Instantflocken und Gewürzgurken verrühren, in die Frischkäsemasse geben und mit Salz und Pfeffer abschmecken.

EW	F	KH	kcal/kJ
27 g	57 g	13 g	674/2831

Melitzanosalata (für 6 Personen)

Zutaten
2 große Auberginen
2 Knoblauchzehen
1 kleine Zwiebel
1/2 rote Paprikaschote
1 große Tomate
2 kleine, frische rote Chilischoten
4 EL frische glatte Petersilie, gehackt
60 g Paniermehl
Salz
Pfeffer
80 ml Zitronensaft
1/8 l Olivenöl

Zubereitung

1 Backofen auf 180 Grad vorheizen. Auberginen mit einer Gabel einige Male einstechen und auf einem Blech 1 Stunde backen, Haut abziehen, Fruchtfleisch grob hacken und in einem Sieb abtropfen lassen.

2 Knoblauch und Zwiebel schälen, Knoblauch grob hacken, Zwiebel fein reiben. Paprika waschen, entkernen; Tomate waschen. Beides in kleine Würfel schneiden. Chilischoten halbieren, entkernen und waschen.

3 Auberginen, Knoblauch, Petersilie, Zwiebel, Paprika, Tomate, Chilischoten und Paniermehl in der Küchenmaschine grob vermengen und mit Salz und Pfeffer würzen. Unter Rühren abwechselnd Zitronensaft und Öl in dünnem Strahl – wie bei der Zubereitung von Majonäse – zugießen.

4 Püree in einer großen Schüssel zugedeckt 3 Stunden im Kühlschrank ziehen lassen, bis es fest ist.

5 Zum Servieren in einen tiefen Teller füllen, nach Belieben mit Petersilie, Zitronenscheiben und Tomate garnieren.

EW	F	KH	kcal/kJ
4 g	36 g	14 g	398/1647

TIPP
Melitzanosalata ist der griechische Name für Auberginenpüree, im Nahen Osten auch bekannt als »Baba Ghannouj«.

Mandel-Paprika-Dip

Zutaten
200 g gegrillte rote Paprikaschoten (Glas)
40 g Mandeln, gehackt
1 Zwiebel
1 Knoblauchzehe
1/2 Bd. Pfefferminze
2 EL Zitronensaft
Salz
Pfeffer

Zubereitung

1 Paprika in einem Sieb abtropfen lassen.

2 Mandeln in einer beschichteten Pfanne ohne Fett goldbraun rösten.

3 Inzwischen Zwiebel und Knoblauch schälen. Zwiebel in Würfel schneiden, Knoblauch fein hacken.

4 Pfefferminze waschen, trockenschütteln und Blättchen abzupfen.

5 Mit Paprika, Mandeln, Zwiebel, Knoblauch und Zitronensaft im Mixer pürieren, mit Salz und Pfeffer abschmecken.

EW	F	KH	kcal/kJ
33 g	17 g	40 g	455/1903

Dicke-Bohnen-Dip (für 6 Personen)

Zutaten
200 g getrocknete dicke Bohnen (Favabohnen)
2 Knoblauchzehen, geschält und zerdrückt
1/4 TL Kreuzkümmel, gemahlen
1 1/2 EL Zitronensaft
ca. 75 ml Olivenöl
2–4 Stängel glatte Petersilie
Fladenbrot

Zubereitung

1 Bohnen gut waschen, in eine große Schüssel geben, mit 1/2 l Wasser übergießen und über Nacht einweichen lassen.

2 Ungeschälte Bohnen nach dem Einweichen abtropfen lassen, dann mit 1/2 l frischem Wasser in den Topf geben. Geschälte Bohnen mit dem Einweichwasser in einen großen Topf geben. Zum Kochen bringen, zudecken und bei schwacher Hitze 5–6 Stunden köcheln lassen. Nach Bedarf von Zeit zu Zeit etwas kochendes Wasser zugeben, damit die Bohnen feucht bleiben. Nicht umrühren, aber den Topf gelegentlich schütteln, damit nichts ansetzt.

3 Vom Herd nehmen und leicht abkühlen lassen. Topfinhalt in der Küchenmaschine pürieren, in eine Schüssel geben und Knoblauch, Kreuzkümmel und Zitronensaft unterrühren. Nach und nach so viel Öl (zunächst ca. 50 ml) zugießen, dass die Mischung dickflüssig wird.

4 Wenn der Dip beim Abkühlen dicker wird, etwas warmes Wasser unterrühren. Petersilienblätter von den Stängeln zupfen, waschen, mit Küchenpapier trockentupfen, fein hacken.

5 Dip in eine Schale geben und gehackte Petersilie darüberstreuen. Mit Fladenbrot sofort servieren.

EW	F	KH	kcal/kJ
3 g	19 g	8 g	217/901

TIPP

Den Dip kann man auch mit anderen getrockneten Bohnensorten zubereiten, z. B. mit weißen Bohnen oder Puffbohnen.

Register

Bild- und Textquellen

Titel: StockFood

Inhalt: Almond Board of California: 44, 48, 69, 72, 77; Bengt Wilson/Norwegian Seafood Export Council: 82; Bertolli: 46; Brauner/Mosaik-Verlag: 17; Brunch: 56; California Walnut Commission: 22; CMA Deutsche Kartoffel: 8 oben, 70; CMA Butterschmalz: 23, 49, 73; CMA Deutsche Butter: 20, 28, 29, 37, 43, 71, 75, 78, 81, 90; CMA/Fleisch: 15; Di Gennaro: 31 unten; DigiTouch GmbH: 6 rechts, 8 unten, 21 oben, 37 oben, 40 Mitte, 43 oben, 65 Mitte, 72 Mitte, 92 unten; Fuchs Gewürze: 55; Galbani: 21, 27; IHR – Ideal Home Range: 4, 8 Mitte, 11; Kikkoman Trading Europe GmbH: 58; Landesvereinigung der Bayerischen Milchwirtschaft: 45; Livio: 24, 57, 92; Maggi Kochstudio: 31, 65, 80, 85; Newedel/Mosaik-Verlag: 16, 47; Saupiquet Deutschland GmbH: 74; Seiffe/Mosaik-Verlag: 54, 64; Sopexa: 67; StockFood: 5, 6 links, 7, 10 rechts, 18, 19, 34, 35, 36, 41, 51, 53, 59, 61, 62, 63, 71 Mitte, 80 unten, 83, 84, 87, 89, 93; The Food Professionals Köhnen GmbH: 13, 25, 33, 38, 40, 42, 79, 91; Unilever Deutschland GmbH: 26; Wirths PR: 9